コミュニケーションにおいて産出される文章の好ましさの解明

——公的な電子メールでのやり取りを対象として——

菊 池 理 紗 著

風 間 書 房

目　次

序論 ………………………………………………………………………………… 1

第1章　文章に対する読み手の評価 ……………………………………………… 5

　第1節　文章の読みやすさ ……………………………………………………… 6

　第2節　読み手が行う評価 ……………………………………………………… 7

第2章　書き手の立場からみた文章産出 ………………………………………… 13

　第1節　文章産出プロセスモデル ……………………………………………… 13

　第2節　文章の内容と表現に対する書き手の意識 …………………………… 18

　第3節　文章の質を上げる指導方法 …………………………………………… 21

第3章　双方向的なコミュニケーションにおける文章産出 …………………… 25

　第1節　やり取りを前提とした文章における文章産出 ……………………… 26

　第2節　メールというコミュニケーションツール …………………………… 29

第4章　本研究の目的と構成 ……………………………………………………… 33

　第1節　本研究の目的 …………………………………………………………… 33

　第2節　本研究の構成 …………………………………………………………… 35

本論 ………………………………………………………………………………… 37

第5章　読み手を対象としたメールの好ましさの検討 ………………………… 39

　第1節　メールに対する読み手の評価（調査1）……………………………… 39

　第2節　本章のまとめ …………………………………………………………… 54

第6章　書き手を対象としたメールの好ましさの検討 ………………………… 57

　第1節　メール作成時の書き手の工夫（調査2）……………………………… 57

　第2節　本章のまとめ …………………………………………………………… 82

第7章　メールの好ましさを構成する要因 ……………………………………… 85

第1節　PC・スマホを利用したメールにおける好ましさ（調査3）……85

第2節　読み手や書き手の立場におけるメールの好ましさの構成要素

（調査4）……………………………………………………102

第3節　読み手や書き手の立場におけるメールの好ましさ尺度の作成

（調査5）……………………………………………………109

第4節　本章のまとめ……………………………………………123

第8章　提示情報がメールの産出に与える影響……………………127

第1節　提示情報が書き手の意識と文章の好ましさに与える影響

（実験1）……………………………………………………127

第2節　提示情報が文章の好ましさに与える影響（実験2）…………149

第3節　本章のまとめ……………………………………………160

結論 ……………………………………………………………………167

第9章　総合考察………………………………………………………169

第1節　本研究で得られた知見…………………………………169

第2節　本研究の学術的意義および社会的意義と今後の展望………179

引用文献………………………………………………………………183

Appendix

Appendix 7-1 ……………………………………………………197

Appendix 7-2 ……………………………………………………199

Appendix 7-3 ……………………………………………………201

Appendix 7-4 ……………………………………………………203

Appendix 8-1 ……………………………………………………204

研究成果の発表一覧…………………………………………………207

謝辞……………………………………………………………………209

序　論

　我々は日々様々な文章を書いている。学校での授業時にはノートを書き，職場では資料をまとめ，ときには誰かのためにメモを残す。プライベートの時間には，友人とメールや LINE，X（旧 Twitter）でコミュニケーションを取り，その日の出来事を日記に書く人もいる。このように，日常生活において文章産出は頻繁に行われる行動である。

　産出される文章の中には，読み手に内容を伝達すれば完結する一方向的な文章と読み手からの反応を期待する文章の 2 種類が存在する。例えば，教室場面で書く説明文や物語などは一方向的な文章であるといえる。なぜならば，これらの文章を書くとき，書き手は文章で書いた話題について，読み手から反応があることを期待していないためである。これとは対照的に，手紙やメモなどは読み手からの反応を期待する文章である。これらを書くときには，読み手からの即時的な返答はない場合が多い。しかし，その後のいずれかの時点で，その話題について書き手と読み手の間で文章や口頭でやり取りを行う可能性があり，書き手も読み手もそれを認識している。また，電子メールや LINE といったコミュニケーションツールでやり取りされる文章もこちらに該当する文章である。

　本研究は，上述した 2 種類の文章のうち，後者，すなわち，ある話題について言語的なアウトプットを交換することを想定して読み書きされる文章を研究対象とする。このような文章を，本研究においてはやり取りを前提とした文章（writing in writer-reader exchanges）と呼ぶ。インターネットの発達や新型コロナウイルスを原因とした外出自粛の風潮を鑑みると，文章を用いたコミュニケーションは，今後さらに活発に行われるようになると推察される。したがって，やり取りを前提とした文章を研究対象とすることは，文章産出

研究のみならず，コミュニケーションに関する研究にとっても大いに意義のあることだろう。

やり取りを前提とした文章を書く場合，文章は産出プロセスの結果であるだけでなく，書き手と読み手の相互作用の結果という意味を持つ（Nystrand,1989）。つまり，やり取りを前提とする場合には，書き手は読み手に話題を提供すると同時に，読み手がその話題を理解し，その話題に対して何らかの言語的なアウトプットを行うことを期待している。これを読み手の立場から考えれば，理解しやすく，言語的なアウトプットを行いたいと思える文章を提示された方が，その文章の書き手に対して反応を返す可能性が高まるだろう。このような読み手の心情を考慮すると，書き手が読み手から反応を得るためには，読み手がより好ましいと感じられる文章を書かなければならないといえる。

そこで，本研究では，書き手がより好ましい文章を書けるようになることを目指し，やり取りにおける文章産出について心理学的観点から検討を行う。序論では，本研究の調査や実験に先立ち，研究に必要な観点を得るために，これまで文章に関する研究としてどのようなことが行われてきたのかを検討する。その後，本研究における目的と本稿に収録している調査と実験について述べる。

上述したように，やり取りを前提とした文章では，書き手は読み手が反応を返しやすいように考慮した文章を書かなければならない。これをふまえ，第1章では，読み手に着目し，ある文章を受け取った読み手がその文章に対して行う評価に関する先行研究について述べる。次に，第2章では，文章の書き手に焦点を当て，文章を書く際の認知モデルを概観し，書き手がどのような認知過程を経て文章を書いているのか，また，どのような点に注意を向けているのかについて述べる。加えて，文章の質を上げるために行われている教育方法や介入方法について検討する。第1章と第2章を通して，読み手と書き手のそれぞれの立場から文章について概観することで，読み手と書き

手の意識の共通点や相違点が明らかになるだろう。その上で，第3章では，やり取りを前提とした文章に関する先行研究について述べる。このとき，文章の読み手として関係を継続する相手を想定し，コミュニケーション，中でも，本研究で焦点を当てるメールに関する研究について検討する。その後，第4章にて，本研究の目的を示し，本稿に収録されている調査と実験の概要について説明する。

第1章　文章に対する読み手の評価

インターネットの発達によって社会の国際化や情報化が進んだことにより，多種多様な人々とコミュニケーションを行う機会はより増加しており，そのような場面のコミュニケーションにおいては相互に理解し合うことを目指す姿勢が重要である（文化審議会国語分科会，2018）。本研究で焦点を当てる文章を用いたやり取りもコミュニケーションの一種であることから，やり取りの参加者，すなわち，文章の書き手と読み手も相手を理解しようとする姿勢が重要であるといえる。特に書き手は，読み手とのやり取りを続けることを目指すならば，読み手が好ましいと感じられる文章がどのようなものかを理解し，工夫を凝らした文章を書くことが求められるだろう。以上をふまえ，本章では，まず，読み手に焦点を当てて，先行研究で得られた知見について検討する。

　読み手は文章を理解する立場であると共に，文章に対する評価も行っている。読み手は，文章を読むとき，文章から得た情報を一定の規則に従ってまとめ，それに既有知識や推測を加え，文章との矛盾を修正し，状況モデルを作り上げている（van Dijk & Kintsch, 1983；Kintsch, 1998）。このような状況モデルの構築が文章の理解と呼ばれている。一方で，人は日常生活において，自分や周囲の言語運用に対する評価を行っているという指摘がある（宇佐美，2008）。つまり，文章の読み手も文章の内容を理解すると同時に，読んでいる文章に対して様々な評価を行っていると推察される。これらのことから，書き手が文章に適切な工夫を行うためには，どのような文章が読み手の理解できる文章であるのか，また，読み手が文章に対してどのような評価を行うのかを理解する必要がある。

　そこで，本章では，文章の理解のしやすさ，すなわち，読みやすさ（readability）に関する研究と読み手の評価観点に関する研究を取り上げる。第1節では，文章の読みやすさに関する研究を扱う。第2節では，読み手の主観的な評価について述べる。

第1節　文章の読みやすさ

　文章を書く際に最も重要なことは，読み手に正しく内容が伝わることであり，そのためには，読み手が読んで理解できる文章であることが望ましい（境，1998）。読んで理解が可能である，すなわち，読みやすさが求められる場面としては，言語運用に困難を抱えている人，例えば，年少者や高齢者，障がい者，日本語の学習者に向けた文章を書く場面が想定されうる。しかし，新聞記事のように一般的な成人が読む媒体においても，理解しやすい文章となることを目指し，一定の基準に則って表記や使用語彙が統制されている（成川，2017）。ここから，誰に対して文章を書く際にも，読み手にとっての読みやすさは目指すべき一つの指針となるだろう。

　文章の読みやすさは，文の長さや使用されている文字種，語彙の難易度，漢字の難易度，構文の難易度など複数の要素から構成されている。先行研究においては，これらの要素の中で何が読みやすさを規定するかが検討されてきた。その中で，建石・小野・山田（1988）は，文の長さの平均文字数や連に含まれるアルファベットやひらがな，カタカナ，漢字の文字数などを数式に当てはめて，読みやすさを計算する方法を考案した。また，Sato, Matsuyoshi, & Kondoh（2008）は，語彙の難しさと構文の複雑さから，柴崎・玉岡（2010）は，文章に含まれるひらがなの割合と1文における平均述語数などから，その文章が小学生から高校生のどの学年のレベルに近いのかを判定する式を考案し，ウェブ上でその式を用いた難易度判定ツールも提供している。つまり，これらの研究結果は，文章の形式面から導き出された読みやすさであるといえる。

　一方で，内容の抽象度が読みやすさに関係することも指摘されている。こ

れは，読み手が言語運用に対する何らかの困難を抱えている場合，例えば，読み手が障がいを持っている場合（打浪，2014；羽山，2017）や日本語学習者である場合（野元，1992；庵・岩田・森，2011；田中，2018）に浮上する問題である。これらの研究では，読み手にとって読みやすく，わかりやすい文章とは，難解な語彙や漢字，複雑な構文を用いないだけでなく，具体的で身近なことを書いている文章であると示唆されている。

　このように，文章の読みやすさは，文章を構成する複数の要素が組み合わさることによって規定されている。しかしながら，これらの先行研究で得られた知見は，実際の読み手の感じ方とは関係なく，文章を分析した結果として得られたものである。文章の難易度についても，学校教育で使用される教科書や日本語能力試験の文章などを基準に設定されており，それらが読み手にとって本当に読みやすい文章であるかは明らかになっていない。文章の読みやすさやわかりやすさは読み手の知識の影響を受ける上に，わかりやすくしようという書き手の工夫が逆効果になる場合もある（佐藤・佐藤・谷畑・東城・鎌田，2000）。言い換えれば，読み手が読みやすい，わかりやすいと感じない限り，本当に読みやすい文章であるとは言い難いだろう。

　本研究では，書き手が読み手により好ましいと受け取られる文章を書けるようになることを最終目標としている。すなわち，本研究の求める読みやすい文章とは，読み手が主観的に読みやすいと感じる文章であるといえる。したがって，次節では読み手の主観的な評価に関する研究について取り上げる。

第2節　読み手が行う評価

　読み手が文章に対して評価を行う際，文章全体の印象について評価する場合と，内容の面白さや文法，語彙といった文章を形成する各要素について評価する場合がある。本節では，この2種類の評価について概観し，本研究の最終目標を達成するために重要な書き手への応用可能性について考察する。

　一つ目の評価である印象についての評価では，「上品だ」，「あたたかい」，

「わかりやすい」などが検討されている。例えば，蓮見（1993）は，大学生に対し，同じ古典文学に対する訳文を2種類ずつ見せ，10項目の形容詞を対象に，「読みにくいと感じる文章は」や「わかりやすい文章は」などについてどちらの文章が該当するかを選択するように教示した。訳文の成立年や文字数，漢字含有率，各品詞の比率などと読み手の評価の関連を検討した結果，古い年代に訳されて，文字数が多い方が，より読みにくく，わかりにくいと評定された。さらに，そのような文章で，かつ，漢字含有率が高い場合には，古風さ・上品さ・固さがより高く，反対に，新しい年代に訳され，文字数が少なく，漢字含有率が低い場合は，温かさ・上手さ・わかりやすさがより高くなった。加えて，名詞の割合が多い場合もよりわかりやすいと感じられた。一方，主観的な長さは文字量だけではなく，執筆年代も関係している可能性が示唆された。また，文字量が多い方が詳しいと評価された。

　口頭発表時のハンドアウトを対象とした足立・中山・梶井（2017）においても，文章の印象が検討されている。実験に参加した大学院生は，発表時に配られたハンドアウトに対し，きれいさや上品さといった「まとまり」と，軽さや単純さといった「簡潔さ」について評定した。ハンドアウトの有用度（高・中・低）で比較した結果，有用度が高いハンドアウトは「まとまり」の得点が有意に高かった。すなわち，有用度が高いハンドアウトは，きれいで，上品で，安定してまとまっていると評定された。他方，有用度の低いハンドアウトは「簡潔さ」の得点が有意に低く，重厚で，複雑で，硬く，暗いと評定されていた。

　また，媒体の違いも読み手の評価に影響を及ぼす。ある小説を文庫本で読んだ場合とタブレット端末やiPad miniで読んだ場合とを比較すると，読みやすさは変わらないと評価される一方で，iPad miniで読んだ場合には，読み手はポジティブな物語にはよりポジティブな，ネガティブな物語にはよりネガティブな印象を抱いた（國田，2015，2016）。また，携帯小説の書式は，紙面よりも携帯電話を用いた場合の方が読みやすく，紙面で読んだ場合は消

極的で暗いなどのネガティブな印象が，携帯電話で読んだ場合には活発で明るいなどのポジティブな印象が抱かれていた（國田・中條，2009）。さらに，印刷物とタブレット端末，パソコンディスプレイを比較すると，読書媒体としての適切さや集中のしやすさといった「読書しやすさ」はパソコンディスプレイが有意に低かった（福田・内山，2015）。

　これらの結果は，読み手が文章に感じる印象は，漢字含有率や文字数，表示媒体など複数の特徴と関係があると示唆している。しかし，それらの形式的な特徴と印象の関係性は複雑であり，國田・中條（2009）のように文章の内容も影響する。加えて，このような評価は文章全体に対して行われている。本研究の最終目標が書き手の産出する文章の好ましさの向上であることをふまえると，これらの知見を書き手に応用することは難しいだろう。書き手に反映させるためには，より具体的な評価観点が求められる。

　二つ目の評価は，印象よりも具体的な評価，すなわち，文章を形成する各要素に対する評価である。このような評価の例としては，渡部・平・井上（1989）の研究が挙げられる。彼らは，複数の採点者に高校生の書いた小論文を評定させ，その際の評価観点を尋ねた。分析の結果，採点者の国語教育経験の有無に関わらず，評価観点として，読後感や思考力，親近感といった「内容に関するもの」と，用語力や文法の正しさ，文体といった「言語力に関するもの」がみられた。このように，文章を形成する要素に対する評価では，評価観点として内容と表現に関わる項目が挙げられている。なお，本研究において「表現」とは，文字として表れたもの（expression）のことを示す。しかし，原文で「修辞（rhetoric）」と記載されていた場合には，「修辞」を用いることとする。

　文章の評価観点として内容と表現が挙げられるという結果は他の種類の文章においても確認されている。例えば，社会人に，中高生が書いた物語を採点させたところ，ストーリーの必然性や独創性，内容の面白さなどの「物語作文力」と，描写力や構成力，設定理解などの「課題への忠実性」，基本的

文法や漢字などの「基礎作文力」といった表現の工夫が評価観点としてみられた（平，1995，1998）。このとき，「物語作文力」は内容，「課題への忠実性」や「基礎作文力」は表現に関する評価観点といえるだろう。

　また，作文指導の場面においても，内容と表現が評価観点として言及されている。大学生に対するアカデミック・ライティングの指導では，主題や構成，論拠といった内容に関する項目と記述量や文法，文体，段落の有無といった表現に関する項目が重要視されている（金子，2008，2009；中尾，2009）。また，学習指導要領でも内容構成と文章構成，叙述・描写が評価観点として挙げられているが，これに「わかりやすい文章である」「説得力がある」などの「伝わりやすさに関する項目」，つまり，表現に関する観点を更に追加すべきであるという指摘もある（梶井，2001；吉川・岸，2006）。実際に小学生の作文指導を対象とした茂呂（1982）や黒岩（1990）の研究でも，主題や独創性などの内容に関する点と，文法や言い回しなどの表現に関する点が評価項目として用いられていた。

　以上をまとめると，読み手は，文章を評価する際，何が，どのように書かれているか，という二つの側面に関心を向けていると考えられる。すなわち，書き手の立場で考えれば，文章のテーマそのものの面白さやテーマを支える情報として何を選択するかといった内容面と，文法や文章構成，文体，語彙の選択などの表現面を工夫することで，文章の好ましさの向上が望める可能性が示唆されたといえる。

　しかしながら，これらの先行研究は小論文や物語，作文といった一方向的な文章を分析対象としており，得られた知見がやり取りを前提とした文章でもそのまま適応できるかについては検討されていない。そのため，本研究において，読み手がどのような評価観点でやり取りを前提とした文章を評価しているかを検討する必要がある。

　また，これまで述べたような評価観点を用いて作文教育が行われているということは，書き手の文章を向上させる方法が既に研究されていることを示

している。そこで，次章では，文章の書き手について焦点を当て，これまでの文章産出研究や書き手に対する介入方法などについて概観する。

第2章　書き手の立場からみた文章産出

　文章産出についての研究は，説明文や物語文のような，書き手から読み手に情報が伝達されれば完結する一方向的な文章を対象として，国語教育や日本語教育，心理学など様々な分野で行われてきた。他方，現代社会では，対面ではなく文字を通して，多くの人と交流する機会が増えており，そのような交流場面において，擦れ違いや誤解を少なくする伝え方は，検討するべき課題である（文化審議会国語分科会, 2018）。これをふまえると，本研究で焦点を当てるような，文章を用いたやり取りに着目した研究の推進が望まれるだろう。しかし，やり取りを前提とした文章の産出についての研究は数が少なく，明らかになっていない点も多い。したがって，本章では，やり取りを前提とした文章の産出について考えるための理論的枠組みの基礎として，一方向的な文章産出研究について概観する。

　第1節では，文章産出プロセスモデルに読みと読み手という観点から焦点を当て，本研究で採用するモデルを検討する。第2節では，文章産出時の書き手の意識を扱った研究について述べ，一方向的な文章を書く際に書き手が注意を向ける点を明らかにする。これらはやり取りにおける文章産出を検討するときにその理論的根拠となる研究である。最後に，第3節において，書き手に対する教育方法や介入方法について述べ，書き手がより好ましい文章を書けるようになるためにはどのような方法が考えられるのかを検討する。

第1節　文章産出プロセスモデル

　人々が文章を書く際のプロセスに関する実証的な研究が始まったのは1970年代頃の北アメリカである。その発端は大学における英語教育プログラムであり，研究の目的は，学生の文章産出能力を高めるために，一般的で模範的

な学生がどのように文章を書いているのかを把握することであった (Nystrand, 2006)。そのような動きの中で，文章産出が認知的なプロセスであるという考え方が生まれ，1980年代初頭から1990年代にかけて，この文章産出プロセスをモデルとして提示しようという動きがみられた。なお，以後，文章産出という認知過程全体を指すときには「プロセス」という語を用い，プロセスに含まれる下位過程に言及する際は「過程」を用いる。

　Hayes & Flower (1980) は，大学生が作文を書く際のプロトコルを分析し，一つの文章産出プロセスモデルを示した。Flower & Hayes (1981) にて修正が加えられたこのモデルでは，文章産出プロセスは「課題状況 (task environment)」と「書き手の長期記憶 (the writer's long-term memory)」，「作文過程 (writing process)」という三つの要素で構成されている (Figure 2-1)。なお，日本語訳は内田 (1986) に準拠する。

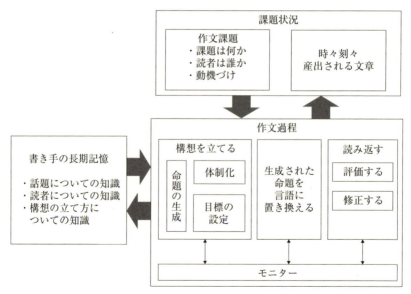

Figure 2-1. Flower & Hayes (1981) の文章産出プロセスモデル (Flower & Hayes, 1981, p. 370)。日本語訳は内田 (1986) に準拠した。

まず，「課題状況」とは，「時々刻々産出される文章 (text produced so far)」と，話題や読み手，書き手の動機づけは何かといった「作文課題 (the rhetorical problem)」を統括した概念である。二番目の「書き手の長期記憶」は，産出している文章の話題や読み手，産出計画についての知識である。書き手はこれらをふまえた上で，三番目の要素である「作文過程」を通して文章を書いている。「作文過程」は「構想を立てる (planning)」と「生成された命題を言語に置き換える (translating)」，「読み返す (reviewing)」という下位過程に分かれている。一つ目の下位過程である「構想を立てる」とは，長期記憶から情報を引き出し，何を書くかを考える「命題の生成 (generating)」と，命題を意味のある構造に作り替える「体制化 (organizing)」，文章産出の「目標の設定 (goal setting)」で構成されている。これは書き手がある内容を文字として表出する前に考えをまとめる過程である。次に，「生成された命題を言語に置き換える」過程では命題を言語表現に変換する作業が行われる。これを遂行するには，綴りや文法の知識が求められる。三つ目の「読み返す」過程では，書き手が自分の文章を読み直して「評価 (evaluating)」し，「修正 (revising)」する。この過程は他の下位過程の遂行中に行われる場合もある。これらの下位過程は，「モニタリング (monitor)」という機能によって，次にどの下位過程が実行されるのか，ある下位過程がいつ実行されるのかなどが統制されている。

　この文章産出プロセスモデルについては次の二つのことが指摘できる。一つ目は，「作文過程」の下位過程である「読み返す」の中に，文章を読むことが暗黙のうちに含まれている点である。Flower & Hayes (1981) は，「読み返す」ことは文章を読み直す意図的な過程であると言及する反面，モデル図には読みという行為を明示的に組み込んでいない。これをふまえ，Hayes, Flower, Schriver, Stratman, & Carey (1987) や Hayes (1996) は「読み返す」ことのモデルを，文章産出のそれ以外の下位過程とは異なるものとして示している。しかし，どちらのモデルにおいても，産出中の読みは書くという行

動とは別の行動であるという捉え方である上に，読みと書きがどのように関係しているかは不明である。評価のための読みのプロセスは，心的辞書へのアクセスを含む点が産出プロセスと共通しており，産出プロセスの一部とみなすことが可能である（Schoonen, 2019）。ゆえに，読みの過程は産出プロセス中に存在し，かつ，意図的な認知過程の一つとして表現されるべきである。二つ目は，読み手に関する情報が不足している点である。文章産出プロセスにおける読み手の存在は「課題状況」や「書き手の長期記憶」において言及されており，また，「課題状況」や「書き手の長期記憶」と「作文過程」の間には相互作用が想定されている。しかし，読み手のどのような情報が参照されるのか，書き手が読み手についてどのようなことを考えるかについては触れられていない。ビジネス場面においては，書き手は読み手の立場や書き手との関係性，予測される反応を根拠として文章中の表現を選択している（Odell & Goswami, 1982）。あるいは，会ったことのない読み手に対して文章を書かなければならず，一般的な反応を予測して文章表現を選択する場合もある。これらをふまえると，読み手の存在を指摘するだけでなく，読み手に関する情報のうち，どのようなものが書き手に影響を及ぼすのかについても言及が必要である。

　文章産出場面では，会話と同様に，その文章を書くことになった文脈，つまり，課題内容や読み手を理解し，その文脈に合うように産出することが求められる（Bazerman,1980）。すなわち，課題として提示された文章や書き手自身が産出した文章を読むことに加え，読み手が誰で，どのような反応が予測できるかなどを考えることは，文章産出においては不可欠な行動であるといえる。

　他方，山川・藤木（2015）は，文章産出と文章理解の表象変化過程は類似しているという内田（1986）の指摘をふまえ，Kintsch（1998）の文章理解モデルにおける表象の構築過程を参考に，文章の理解過程を含んだ文章産出プロセスモデルである「心的表象の構築展開過程モデル」を提案した。このモ

デルでは，文章理解と文章産出という二つの表象変化過程が，課題文章やそれに関するメモ書き，産出された文章といった外的表象を通して循環している（Figure 2-2）。まず，課題の文章から個々の文の命題の表象であるミクロテキストベースが構築される。次に，その表象をもとにしてマクロテキストベース，それと長期記憶を組み合わせた状況モデルが形成される。その後，形成された状況モデルはマクロテキストベースからミクロテキストベースへと展開され，文章やメモなどとして産出される。さらに，産出された文章やメモなどを読んで，再び状況モデルが形成される。

このモデルついては，読みという行動が，文章産出過程の一部として明示的に組み込まれている点が特徴的である。一方，読み手の性質や関係性，あ

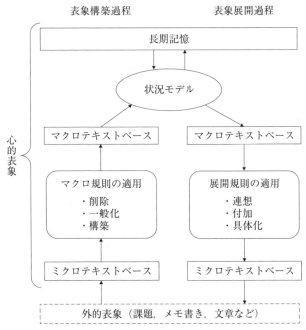

Figure 2-2. 心的表象の構築展開過程モデル（山川・藤木, 2015, p. 130）。

るいは，読み手に対する書き手の推測についてはモデル内では触れられていない。しかし，読み手に関する知識が長期記憶内に存在することや，読み手に関する具体的な情報の提示によって読み手に対する推測を含んだ状況モデルが構築される可能性は指摘されており（山川・藤木，2015），これは先述したFlower & Hayes（1981）などの不足を補うものである。

　これらのことから，本研究では山川・藤木（2015）の心的表象の構築展開過程モデルを援用して，文章産出について検討する。このモデルを用いることで，従来の文章産出プロセスでは捉えることが難しかった読みという行為と文章産出の関係性を明示的に示すことができる。さらに，このモデルでは，読み手の存在の重要性を示すだけでなく，読み手の反応に対する書き手の予測についても仮定することが可能である。やり取りを前提とした文章とは，読み手からの反応を期待して書かれる文章であるため，読み手の反応を予測することやその予測を文章産出に反映させることは，書き手にとって重要な要素といえる。

第2節　文章の内容と表現に対する書き手の意識

　第1節においては，文章産出の認知プロセスモデルを概観した。先行研究で示されたモデルから，書き手は課題内容や読み手についての情報などを得て，自身の知識と合わせ，文章を書いていくと考えられた。次は，これらのモデルで示された文章産出プロセスにおいて，書き手がどのようなことに注意を向けているのかの具体例を挙げる。

　文章産出において，誰に，何を，どのように書くかは，社会的慣習やコミュニケーションの経験によって構築される（Hayes, 1996）。例えば，親しい読み手に宛てて書く場合とそうでない読み手に宛てて書く場合では，話題も使用する語彙も異なるだろう。あるいは，仕事でメモを残すとき，上司に宛てて書く場合と部下に宛てて書く場合では，書くべき内容が同一であっても表現の選び方が変わるだろう。このように実際の文章産出場面について考える

と，読み手については，書き手が文章を書く前に決まっていることが多い。よって，書き手は読み手が確定した状態で，その読み手に合わせて何をどのように書くかを考えることになる。

これをふまえると，文章を書いているときには，書き手は，書いている文章の内容と表現により多くの注意を向けると考えられる。小学生が作文を書いているときの内観を分析した安西・内田（1981）では，彼らが文章を書く際に，文章のテーマについてどのような内容を書くかといったことや，書く前に考えた作文全体の大筋，語彙の精練度，読み手の理解可能性などに注意を向けていることを明らかにした。他方，社会人のように熟達した書き手の場合には，それらに加えて，説明文や物語文といった文章の「ジャンルの設定」と，「読み手の設定」としてどのような人物を想定するか，書いた文章が設定したジャンルに合っているかという「ジャンルの意識」がみられた（高井，2016）。これらの結果から，書き手は何を書くかという内容と，どのように書くかという表現の双方に注意を向けており，熟達度の上昇と共に注意を向ける対象が増加しても，この傾向は変化しないことが示唆された。

以上の調査は内観報告による質的調査であるが，質問紙を用いた量的調査でも同様の結果がみられている。崎濱（2003b）では，情報伝達文において，大学生を対象とした質問紙調査を行った結果，「まとまりやすく文章を書く」といった「伝わりやすさ」と，「読む人が内容に興味を持ってくれるように書く」といった「読み手の興味・関心」，「難しいことは書かない」などの「簡潔性」の3因子が得られた。このうち，「読み手の興味・関心」は内容的側面を，「伝わりやすさ」と「簡潔性」は修辞的側面を示している。さらに，文章の評価の高低によって，書き手が重視している因子は異なり，読み手からの評価の高い文章の書き手は「伝わりやすさ」に注意を向け，反対に評価の低い書き手は文章の細部の「簡潔性」を重視していた。なお，類似した結果は，説明文やレポートに対した調査（山田・近藤・畠岡・篠崎・中條，2010；田中・山根・中條，2018）や物語文を対象とした調査（堀田，1992）でも得られ

ている。以上より，情報を伝える説明文においても，ストーリーを作り上げる物語文においても，書き手は内容と表現の双方に注意を向けることが明らかになった。

　一方で，書き手は内容や表現の選択について難しさを感じることも示されている。例えば，平山・福沢（1996）では，児童が作文において困難を感じる部分を調査したところ，5因子が抽出された。このうち，作文という課題上の困難である「時間上の困難」と「作文の基本技術上の困難」を除くと，「書く内容を何にして良いか選ぶことが難しいことがある」のような「構想上の困難」は内容に関する困難，「自分では何を書きたいかわかるけれど，文にすることが難しいことがある」のような「表現上の困難」は表現に関する困難，「自分の書いた作文をどのように直して良いかわからないことがある」のような「評価上の困難」は内容と表現の両方を含んだ困難ということができる。また，高校生においては，自分の考えを書くときの問題意識として，「書くことが思いつかない」「自分の言いたいことをどうやって文章にすればいいかわからない」といった文章を「構成する（65.1%）」ことに関する点が最も多く挙げられる。これは文章のアイデアといった内容に関する側面と，それをどのようにまとめるかといった表現に関する側面の双方を含んでいる。これに次いで多い「主語・述語を伝えることができない」「同じ言い回しばかりを使ってしまう」といった文章を「表記する（23.0%）」際の困難感も表現に関する側面であり，調査で得られた自由記述のうち，合計88.1%の記述が内容と表現に関する困難を示していた（西森・三宮，2015）。さらに，大学生においても文章産出時の難しさに関わる意識として，表現に関する困難である「全体構成」と「表現選択」と，内容と表現の双方の困難である「読み手意識」が挙げられた（岸・梶井・飯島，2012）。なお，読み手意識（audience awareness）とは，「『（長期記憶中にある）読み手に関する情報』を抽出し，抽出した情報を踏まえて書く内容や文章表現を選択するという一連の活動（崎濱，2003a）」を指している。

このように書き手は，何を書くかとどのように書くかに注意を向け，それに対して難しさを感じているといえる。注意を向けているのが内容と表現であるという点は，第1章で述べた読み手の評価観点と重複しており，一方向的な文章の読み書きにおいては，この二つの側面が重要であることを示している。したがって，やり取りを前提とした文章を対象として研究を行う場合にも，その文章の読み手と書き手にとってこれらの二つの側面が重要であるかについて，検討を行う必要があるだろう。

第3節　文章の質を上げる指導方法

続いて，一方向的な文章の書き手に対して，どのような教育方法や介入方法がとられているかを概観する。本研究の最終目標は，書き手がやり取りを前提とした文章を書く際に，好ましい文章を書くことができるようになることである。これを達成するためには，書き手への教育方法や介入方法を考えなければならない。しかし，やり取りを前提とした文章を対象とした介入方法については検証されていない点が多いため，一方向的な文章，すなわち，教室場面における作文やレポートなどを対象とした指導方法について検討する。

一方向的な文章の書き手への指導としては，文章の質を上げることを目的として，様々な方法が検討されている。まず，産出する文章の文字数を制限するという方法がある（崎濱，2005，2008）。作文を書く際，その字数が少ない程，文章中の重要な情報の割合は高まり，一つの情報について説明する文字数は少なくなる（崎濱，2005）。すなわち，字数が制限されている場合には，一文が短く，かつ，文章中に余計な情報の割合が少なくなるため，文章の質は向上したといえる。また，評価観点を示し，自分の書いた作文を評価させる方法（井口，2008，2011；衣川，2005）や，文章の形式を教える方法（金子，2008；清水，1971；清道，2010）といった指導方法も考えられる。しかし，これらの方法は，書き手に対して知識を与える指導法であり，すなわち，文章

産出に関する書き手の知識に不足があることが前提となっている。加えて，文章の質を上げることが読み手の理解や主観的評価に影響を及ぼすかについては未解明の点が多い。

次に，同じ話題について文章を書いた仲間と評価やコメントをし合い，文章を推敲する方法（e.g., 犬塚，2002，2003，2004；深谷，2009；西山，1994；大濱・佐藤，2016；高井，2017）や，授業を担当している教員がコメントを行う方法がある（金子，2009）。つまり，書き手の視点からみれば，課題の教示を通して想定した読み手とは異なる第三者に文章を評価されるという方法である。このような評価は，本来の読み手の評価と一致するとは限らない。加えて，同程度の熟達度を持つ書き手同士のコメントでは，文章に変更はみられたものの，個人で推敲した場合と比較しても伝わりやすさに有意差がみられないという結果もある（大濱・佐藤，2016）。また，金子（2009）では，書き手より文章産出に熟達している人，すなわち，教員がコメントを行うことで学生が書いた作文の質は向上したが，文章を書く度に第三者に読んでもらう手間を考慮すると，日常生活には応用しにくい。

他方，第三者でなく，書き手が想定していた読み手本人からコメントをもらう方法もある。岸・綿井（1997）では，読み手から質問を受ける前と受けた後に書かれた説明文を比較したところ，質問を受けた後にわかりやすさが向上しており，読み手と直接話したことで書き手が読み手の知識量を理解した可能性を指摘した。この方法も，毎回読み手と対話できるとは限らないという点で，第三者の評価を受ける場合と同様に，日常生活には応用が難しい。さらに，上述の第三者の評価でも，読み手本人の評価でも，指摘される点は主に表現に対するものであり，内容に対する指導は考慮されていないといえる。

一方で，書き手がある程度の文章を書くことができる場合，文章を書く際に，読み手がどのような人間であるか，あるいは，読み手に何を伝えるか，読み手が何を知っていて何を知るべきかを考えるように教示した場合は，そ

れらについて考えさせない場合よりも，文章全体の質が高いという研究結果がある（Black, 1989；Roen & Willey, 1988）。ここから，読み手と直接対話ができない場合でも，書き手が読み手の理解可能な内容や表現について考えることで，文章の質をより高めることは可能であると考えられる。すなわち，先述した「読み手意識」を高めることで，文章の質が高まる可能性があるといえる。

　読み手に対する意識を高める方法の具体例としては，書き手に与える読み手の情報を操作することが挙げられる。例えば，書き手（大学生）と同年代を読み手として想定した場合と年下（高校一年生）を読み手として想定させた場合を比較したところ，書き手の主観的な読み手意識には有意差はみられなかった。しかし，産出された文章では，同年代が読み手であると想定させた場合の方がより詳細な情報の記述がみられた（崎濱, 2003a）。また，読み手の情報が与えられない場合や「非常勤講師」などの属性のみが与えられた場合よりも，年齢や性別，今後の関係などの個人を特定する情報が細かく与えられた場合に，書き手の自己紹介や相手に対する言葉かけが多かった（大浦・安永, 2007）。

　この大浦・安永（2007）では，書き手が読み手を意識することが読み手の評価に影響を与えることも明らかになっている。書き手の配慮に関する読み手からの評価は，読み手の情報が与えられなかった場合よりも，個人を特定する情報が与えられた場合の方がより高かった。さらに，柏崎（2010）においても，読み手として大学生を想定した場合よりも読み手を小学生と想定して書いた場合の方が，読み手の体験により引き付ける文章，あるいは，読み手の興味を引くような文章になっていると評価されることが明らかになった。他にも，読み手を想定させずに記述をさせた場合よりも，読み手を意識させた場合の方がより「良い」，「おもしろい」，「やさしい」などと評価される，あるいは，読み手が文章に合致する図形を描写できるという指摘もある（佐藤・松島, 2001；松島・佐藤, 2007）。

これらのことから，読み手がどのような人物であるかを知っている場合や読み手についての推測が深い場合に文章の質が向上すると考えられる。加えて，読み手の情報によって産出される文章が異なるということは，すなわち，文章産出の研究においては，読み手が誰であるかを規定し，書き手に明示することが必要であるといえる。なぜならば，読み手の立場や書き手との関係性によって喚起される長期記憶が異なると予想されるためである。

以上のように，一方向的な文章であっても，書き手は読み手の年齢や立場，書き手と読み手の関係性，読み手の興味などについて考えることが求められる。したがって，読み手とのやり取りを前提とする双方向的な文章においては，読み手からの反応を得るために，書き手は読み手についてより考慮すべきであるだろう。これをふまえた上で，次章では，双方向的なコミュニケーションに関する先行研究を概観する。

第3章　双方向的なコミュニケーションにおける
文章産出

　第1章と第2章で取り上げた研究は，教室場面で書かれる作文や小論文の
ような，書き手から読み手に情報が伝達されると完結する一方向的な文章を
研究対象としていた。一方向的な文章の場合，書き手や読み手は，文章に書
かれている話題についてのやり取りがその後も続く可能性を考慮に入れてい
ない。しかし，読み手との関係性や読み手の特徴に対する意識を高めるとよ
り良い文章になることが明らかになった。

　日常生活において書かれる文章には，上述の一方向的な文章の他に，読み
手と双方向的なコミュニケーションを行うことを念頭に置いて書く文章が存
在する。本研究ではこれを，やり取りを前提とした文章と呼ぶ。やり取りを
前提とした文章を書く場合には，書き手は読み手からの反応を期待する。つ
まり，書き手は，読み手に対してより考慮することを求められるといえる。
本章では，これをふまえた上で，やり取りを前提とした文章について，これ
までどのような研究が行われてきたかを概観する。

　また，第1章と第2章を通して指摘したように，産出される文章の内容や
表現は読み手の影響を受けている。したがって，文章産出においては，読み
手が誰であるかを規定すべきである。なお，本研究においてはこれを，読み
手との関係が今後も続いていくという「関係継続の予期（木村・磯・大坊，
2004）」という視点から検討する。

　以上をふまえ，第1節では，やり取りを前提とする文章を対象とした産出
と評価の研究を取り上げる。また，読み手との関係性，中でも読み手との関
係が継続する場面に着目した研究に焦点を当てて，本研究における分析観点
とその定義を明示する。第2節では，やり取りを前提とした文章の一つの形

態である電子メールについて検討し，本研究においてこれを研究対象とする
意義について述べる。

第1節　やり取りを前提とした文章における文章産出

本研究におけるやり取りを前提とした文章（writing in writer-reader ex-changes）とは，ある話題について言語的なアウトプットを交換することを
想定して読み書きされる文章を指す。例えば，手紙やメモを書く際には，書
き手はその後のいずれかの時点で，読み手から返事をもらうことを想定して
いるだろう。あるいは，電子メール（以下，メール）やウェブ上の問い合わ
せフォームから問い合わせを行う場面では，書き手は文章を書いた後，読み
手からの返信を待つだろう。この他にも，LINE や X（旧 Twitter），チャッ
トなどのソーシャル・ネットワーキング・サービス（Social Networking Ser-vice：SNS）といったコミュニケーションツールを用いて文章を書く場合には，
自分以外のコミュニケーションの参加者からの言語的なアウトプットを返事
として受け取ることを期待すると考えられる。このような文章が，やり取り
を前提とした文章である。

第1章と第2章を通して，一方向的な文章の場合には，書き手も読み手も
同様に，内容と表現の双方に注意を向けることを示した。他方，やり取りを
前提とした文章では，書き手は表現に注意を向ける比重がより高いと推察さ
れる。中嶋（2003）では，中学生と高校生に対し，書き手と同年代の生徒や
他校の先生に宛てた招待状を書かせたところ，彼らが読み手に合わせて，書
く情報や語彙，文の長さなどを変えたことが明らかになった。特に，書かれ
た情報については，その配置にも着目し，読み手によって追加情報を挿入す
る箇所が異なっていた点を「読み手の参加意識を高める工夫をしていると解
釈できる（p.24）」と指摘している。また，大学生が書いた依頼メールでは，
読み手の感情へ働きかけるような間接的な表現の選択，あるいは，依頼の正
当性の主張や読み手への感謝の記述などがみられた（Chejnová, 2014）。すな

わち，書き手は内容にも注意を向ける一方で，表現の工夫の方により重きを置いていることが示唆された。

　加えて，やり取りを前提とした文章では，読み手も表現により注意を向けていると考えられる。例えば，日本語母語話者は，日本語学習者の書いた謝罪の手紙を評価する際，文法・語彙の誤りの有無だけでなく，文と文の繋がりの自然さや書き手の謙虚な姿勢を表す記述の有無を評価している（宇佐美，2010）。また，教員に宛てたメールにおいて，略語を使用している場合とそうでない場合を比較すると，読み手は，略語を使用していない電子メールの書き手に対して，より「信頼できる」，「勤勉な」，「知的な」という印象を抱きやすかった（Lewandowski & Harrington, 2006）。ビジネスメールにおいても，丁寧な言葉遣いを用いた場合は，疑問形や否定形を用いた場合よりもポジティブな印象を抱きやすい（紺野・坂本，2017）。さらに，仕事で受け取ったメールを不快だと感じる要因は，内容に関わる「必要な情報が足りない」が最も多かったが，それと同時に「文章が失礼」，「文章が攻撃的」，「文章が曖昧」など，表現に関わるものも多くみられた。反対に，メールが上手いと感じる場合，その理由としては「文章が簡潔で分かりやすい」が最も多く，次いで「文書に好感が持てる」や「レイアウトが読みやすい」などが挙げられた（一般社団法人日本ビジネスメール協会，2019）。これらより，読み手も書き手と同様に，やり取りを前提とした文章を評価する場合には，そうでない文章を読む場合よりも，表現の工夫の比重がより高くなることが示唆された。

　これらのことから，やり取りを考慮しない文章に関する知見を，やり取りを前提とした文章にそのまま適用することは，適切とは言えない可能性があるといえる。つまり，やり取りを前提とした文章の産出や評価では，そうでない文章とは異なる観点に着目している可能性を考慮しなくてはならない。

　また，やり取りを前提とした文章の産出において，読み手として想定されるのは，既に関係があり，これからも関係を続けていく相手，あるいは，これから新しく良い関係を築きたい相手である。このように，今後も相手との

関係が続いていくだろうという予期を「関係継続の予期（木村・磯・大坊，2004）」という。

関係継続の予期がある相手と対面でコミュニケーションを行うとき，人は自分の行動を工夫することが明らかになっている。カップルのように既に関係がある場合には，相手に対し，積極的でポジティブな働きかけを行う（Dainton & Stafford, 1993）。あるいは，友人関係や上下関係においては，関係の破綻を防ぐために，その関係性に存在するルールを順守する（Argyle & Henderson, 1985　吉森編訳，1992）。また，初対面で，かつ，関係の継続が見込まれる場合，相手が自分に抱く印象をコントロールしようという動機づけは高まる（Leary & Miller, 2000 谷口訳，2004）。加えて，関係を継続しようという意思が強い場合には，初対面であっても，視線や発話，自己接触などの対人コミュニケーションにおける行動が，友人関係間の場合と同程度に起きる（木村・磯・大坊，2012）。つまり，対面のコミュニケーションでは，それ以前の関係の有無に関わらず，相手との関係継続の予期がある場合には，情報の発信者は受信者に対して視線や発話などの動作で働きかけている。

他方，関係継続の予期がある相手との非対面のコミュニケーション，すなわち，文章を用いてやり取りを行う場面においても，書き手は読み手に対する働きかけ，つまり，文章の工夫を行っている。読み手に今後お世話になるとわかっている場合には，そうでない場合と比べ，文章中に書き手の自己紹介が書かれやすく，「よろしくお願いします」や「お気をつけて」といった表現が出現しやすい（大浦・安永，2007）。さらに，大学生は，友達や研究室の仲間に向けてメールを書く場合には，プライベートな内容を書き，顔文字や絵文字を使用する一方で，インターネット上のみの知り合い，あるいは，指導教員や上司に宛てた場合には，余計なことは省き，顔文字や絵文字の使用は避けている（加藤・赤堀，2005）。職場でのメモ書きにおいても，書き手は，読み手の立場や自分との関係性を理由に，呼称や構文，情報源への言及，更なるコミュニケーションを促す書き込みを入れるか否かといった選択を行

っている（Odell & Goswami, 1982)。しかし，このような読み手との関係継続の予期に着目した研究は少数であり，関係継続の予期の有無による文章の内容や表現の違いや，関係継続の予期がある場合の書き手の意識など明らかになっていない点も多い。したがって，本研究では，産出された文章の読み手として，その文章のやり取りを行った後も関係の継続が見込まれる相手を想定する。

第2節　メールというコミュニケーションツール

これまでに述べた通り，本研究では，やり取りを前提とした文章の中でも，今後も関係の継続が見込まれる相手を読み手として想定する場合の文章産出について検討する。関係を継続する相手と文章をやり取りするためのコミュニケーションツールは複数存在する。例えば，手紙やファックス，メール，LINE，X（旧 Twitter）などである。このようなツールのうち，手紙は，フォーマルで思いを伝えるツール，あるいは，特別な場面で使用される高尚なツールというイメージがある（大江, 2006)。つまり，手紙は現在では特別なツールという位置付けにあると考えられる。

手紙とは対照的に，インターネットの発達に伴い，パーソナルコンピューター（以下，PC）を使ったコミュニケーション（Computer-Mediated Communication：CMC）は頻繁に行われている。日常場面において，特別な技術がない人々でもメッセージのやり取りが行えるツールの一つとして，メールが挙げられる（Kiesler, Siegel, & McGuire, 1984)。総務省情報通信政策研究所（2019）によれば，5種類のコミュニケーション系メディア（携帯通話，固定通話，インターネット通話，ソーシャルメディア利用，メール利用）の中で，メールは行為者率[1]が最も高く，平日で46.4%，休日で42.9%であった。ビジネス場面で

1）　行為者率とは，「（ある一定期間の間に）ある情報行動を行った人の比率（総務省情報通信政策研究所, 2019, p.5)」である。平日の行為者率は調査日2日間における1日ごとの比率の平均値であり，休日の行為者率は調査日1日における比率である。

利用されるコミュニケーションツールの第1位もメールであり，その割合は97.46%である（一般社団法人日本ビジネスメール協会，2019）。さらに，大学生も，友人たちとの情報伝達や雑談に携帯メールを用いる（古谷・坂田，2006；遠山，2012）。よって，メールは多くの人に利用されているメジャーなツールであるといえる。特別な技術がない人々でも使えるという利点は，近年発達したLINEなどのSNSにも共通する特徴である。しかし，LINEは主に友人同士とのやり取りに利用される（都筑・宮崎・村井・早川・永井・飯村，2017）。他方，メールは，友人同士でのやり取りだけでなく，教員が相手の場合や職場への連絡，就職活動における連絡などのより公的な場面においても使用される（佐藤・小笠原・布川，2015）。日常生活での用途を考えても，事務局や企業などへの問い合わせや連絡にはメールを使用することが多いだろう。利用者の多さと公私どちらの場面でも使用できることの2点をふまえ，本研究では，コミュニケーションツールの中でもメールに焦点を当てることとする。なお，本研究における「メール」とは，「電子メール（email）」で送られる文章を指し，電話回線を使用して文章を送る「Cメール」，あるいは，「ショート・メッセージ・サービス（Short Message Service：SMS）」と呼ばれるものは対象に含めない。また，メールで書かれる文章に特に着目する際は「メール文章（email message）」とする。

　CMC，中でもメールに関する研究は，コミュニケーションツールの発達と共に多数行われてきた。例えば，メールの利用については，PCメールの利用は社会的寛容性を増加させ，異質な他者とのコミュニケーションを促進させるが，携帯メールの利用はこれと正反対の影響を及ぼすことが指摘されている（小林・池田，2007，2008）。また，対面よりも非言語情報が少ないというCMCの特徴は，書き手の自己呈示を促進させると示唆されている（Sheeks & Birchmeier, 2007；杉谷，2007）。これらはCMCの利用とその効果についての研究であり，実際にやり取りされている文章については言及していない。

一方で，メール文章に焦点を当てた研究としては，実際にやり取りされたメール文章の分析（e.g., 大友，2009；黎，2015；李，2010；嶋田，2013）がある。このような研究では，依頼や謝罪，誘い，断りなどの場面で実際にやり取りされたメールにおいて，どのような事柄が書かれているかを分析している。例えば，依頼の場合には，冒頭に「突然のメール，すみません。」のように謝罪が書かれ，末尾に「よろしくお願いします。」と依頼の繰り返しが行われている（大友，2009）。謝罪の場合には，メールの主題である謝罪表現以外に，冒頭や末尾に挨拶がみられ，謝罪の前に謝罪することの予告が書かれることも多い（黎，2015）。これらの研究は，既にやり取りされた文章の分析であるため，各場面で書かれる文章の典型例と捉えることができる。しかし，佐藤他（2015）や太田（2015）は，大学生が書いたメールには，件名が書かれていない，読み手の名前や所属が宛名として書かれていないといった不備がみられる場合もあることを指摘しており，現実のメール文章が好ましく，適切なものであるとは必ずしもいえないだろう。また，分析対象となったやり取りにおいて，書き手がメール文章を書く際に何に注意を向けていたか，読み手がもらったメールをどのように評価したかについては検討が行われていない。

　この他にメール文章に焦点を当てている研究には，顔文字の役割や印象を分析した研究（e.g., 廣瀬・牛島・森，2014；木村・山本，2017；北村・佐藤，2009）や，メールの読み手が書き手の感情や自分の感情をどのように捉えるかに着目した研究（e.g., Kato, Sugimura & Akahori, 2001；加藤・杉村・赤堀，2005；加藤・加藤・赤堀，2006b）などがある。これらの研究では，顔文字が感情伝達や親しみやすさの向上に影響を与えることや，読み手の感情状態は，書き手の感情に対する読み手自身の解釈から影響を受けることなどが明らかになったものの，読み手の評価や書き手が注意を向ける点は検討されていない。

　以上をふまえると，本研究で読み手や書き手の立場からメール文章を研究することは，CMC の研究の一環として有益であると考える。なぜならば，

メール文章そのものに対する研究は未解明の点が多いことに加え，書き手がより好ましいメールを書けるようになるための指導法も検討されていないためである。英語のメールを対象とした研究では，注意事項を示すことで，書き手が形式的に整ったメールが書けるようになることが明らかになっている（Song, 2014）。したがって，日本語のメールにおいても，適切な指導によって書き手がより好ましいメール文章を書けるようになる可能性はあると考えられる。

　なお，本研究で研究対象とするメールは，公的な場面でやり取りされるものとする。人はメールを書くときに，どのように行動すべきか，どのようにメールを書くかについて悩む場合がある（Walther, 1996）。特に，インターネット上のみでの知人や目上が読み手の場合には，形式面と内容面の両方において，同僚や友人が読み手の場合よりも気を配ることが指摘されている（加藤・赤堀, 2005）。すなわち，公的な場面においてメールを書く際には，文章に対してより多くを熟考すると考えられる。加えて，メールは社会人にとって仕事上で頻繁に使用するツールであり（一般社団法人日本ビジネスメール協会, 2019），大学生もより公的な場面においてメールを使用する一方で，書いたメールに不備がみられる場合もある（太田, 2015；佐藤他, 2015）。これらをふまえると，公的なメールを研究対象とすることで，書き手や読み手からやり取りを前提とした文章の好ましさについてより詳細なデータを得ることができ，加えて，得られたデータを根拠として書き手に指導を行うことで学術的にも社会的にも意義のある研究になると考えられる。

第4章　本研究の目的と構成

第1節　本研究の目的

　本研究では，やり取りを前提とした文章において，書き手がより好ましい文章を書けるようになることを最終的な目標とする。この研究を行うために必要な観点として，第1章から第3章では，以下の3点から先行研究を概観した。

　まず，第1章において，文章に対する読み手の評価に焦点を当てて検討したところ，読み手は文章の内容と表現の双方に注意を向けていることが明らかになった。これは，読み手の主観的な評価の中でも文章の構成要素に対する評価から導き出された。文章に対する評価としては，読みやすさについての研究があるが，これは文章そのものに対する分析であり，読み手が本当に読みやすいと感じているかについての検討は少ない。また，読み手の主観的な評価の中でも，印象の評価は文章全体に対する評価であるため，本研究の最終目標である書き手への応用は難しいと考えられる。よって，本研究における読み手の評価としては，文章の構成要素に対する評価を扱うこととする。

　次に，第2章では，書き手に焦点を当て，文章産出プロセスモデルと文章産出時に書き手が注意を向けていることについて検討した。文章産出プロセスモデルについては，プロセスに読みという行為を含めている点と，読み手に対する書き手の推測について言及している点から，山川・藤木（2015）の心的表象の構築展開過程モデルが本研究の目標に合致していると考えた。また，書き手が文章を書く際に注意を向けているのは，文章の内容と表現という二つの側面であることが確認された。これをふまえ，書き手がより質の高い文章を書けるようになるための指導方法を検討した結果，読み手と直接的

なやり取りがなくても，読み手を意識することで，文章がより詳細になり，読み手に対する配慮もより向上することが示された。すなわち，文章産出の研究においては，読み手を特定し，その読み手に向けて書くと意識させることが重要であると考えられた。

さらに，第3章では，一方向的ではない，やり取りを前提とした文章に焦点を当て，読み手の評価観点と書き手が注意する点について検討した。その結果，やり取りを前提とした文章においては，一方向的な文章とは異なり，読み手も書き手も，内容と表現の双方に注意を向けながらも，表現の方により多くの比重を置くことが示唆された。よって，このような文章を対象とした研究を行うことは，今後の文章産出研究にとって必要なことである。加えて，やり取りを前提とした文章の読み手としては，新しく関係を構築する，あるいは，これからも関係を継続する相手が想定される。このような，今後も関係が続くだろうという予期を，関係継続の予期と呼ぶ。関係継続の予期がある場合には，書き手は文章を工夫することで読み手に対して何らかの働きかけを行っている。しかし，この点に関する研究は未解明な点が多いため，本研究では，読み手との関係継続の予期に焦点を当てて書き手の認知過程や文章上の工夫を検討し，その説明の一助とする。

なお，本研究では，利用者が多く，かつ，公私共に利用できるメールを研究対象とする。特に公的な場面におけるメールは，大学生においても社会人においても文章を熟考すると考えられるため，より詳細に読み手の評価や書き手の注意する点について検討が行えるだろう。また，公的な場面における大学生のメールには不備がみられる場合がある（佐藤他，2015）ことから，本研究で公的なメールを検討することは，書き手がより好ましいメール文章を書けるようになるためにも有用であるだろう。

以上より，本研究では，公的で，関係継続が見込まれる読み手とやり取りを行う場面に焦点を当て，書き手がより好ましいメール文章を書けるようになるために必要な要因を検討することを目的とする。これを達成するため，

第 4 章　本研究の目的と構成　35

次の 2 点の下位目的を立てて検討を行う。1 点目は，メールの好ましさを構成する要因の検討である。これにより，これまで扱われていなかった，やり取りを前提とした文章における読み手の評価観点や書き手が注意する点について，新たな知見を示すことができるだろう。2 点目は，書き手がメールを書く際に影響を与える要因の検討である。産出されるメールに影響を与える要因は，今後，書き手への指導方法を考える上で必要とされる情報であろう。なお，本研究の読み手や書き手は，公的なメールを書く機会があると考えられる大学生以上の人物とする。また，指導の対象となる書き手としては，より熟達度が低いと推察される大学生を想定する。

第 2 節　本研究の構成

前節をふまえ，本研究では次のような流れで調査と実験を行う（Figure 4-1）。はじめに，読み手が公的な場面で送られたメールに対してどのような点に着目して評価を行っているかを検討する（第 5 章）。次に，仕事上でメールを日常的に使用している社会人が，実際にメールを書く際にどのような点

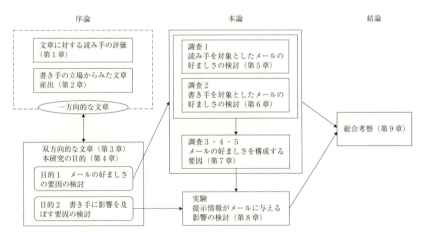

Figure 4-1.　本研究の章立ての図式化。本研究の目的と，それにまつわる序論・本論・結論を構成する章の関係性を示した。

に注意を向けているかを検討する（第6章）。これらの調査から得られた知見を，尺度として利用することを目指し，項目選定のための自由記述調査を行う。また，その項目を使用して，読み手の立場における好ましさ評価尺度と書き手の立場における好ましさ探求尺度を作成し，その妥当性と信頼性を検討する（第7章）。これらの調査研究は，一つ目の下位目的を達成するための手段である。これに加えて，第6章では，これまでの文章産出プロセスモデルの生態学的妥当性について考察する。続いて，第8章では，提示する情報によってメールの好ましさに違いがみられるかを検討する。これは二つ目の下位目的を達成するために行う。提示する情報は，読み手との関係継続の予期とメールを書く際の注意点である。最後に，第9章で，先行研究や本研究の知見を概観し，総合的に考察する。加えて，本研究の学術的意義・社会的意義と限界，今後の発展について述べる。

　本研究は，やり取りと関係継続の予期という新しい観点を実証研究に取り入れるという点において，文章産出研究に新たな知見を加えられるだろう。また，文章の向上に関わる要因を明らかにすることができれば，大学生の初年次教育やキャリア教育，社会人の研修に対しても資することができるだろう。

本　論

　第4章で述べたように，本研究は，関係継続の予期がある読み手と公的な
メールをやり取りする場面において，書き手がより好ましい文章を書けるよ
うになるために必要な要因を検討することを目的としている。これを達成す
るために，メールの好ましさを構成する要因の検討と，メールの書き手に影
響を与える要因の探索的な検討を，下位目的として設定した。これらのこと
を検討するため，本研究では下記の通りに調査と実験を行った。

　第一の下位目的を達成するために，第5章では，読み手がメールを読む際
にどのようなところに着目しているかについて（調査1），第6章では，書き
手がメールを書く際にどのような点に注意しているかについて（調査2），ど
ちらも面接法を用いて探索的に検討する。第7章では，第5章・第6章で得
られた結果を検証するため，社会人と大学生を対象に量的調査を行う。はじ
めに，その後の調査で用いる質問項目を作成するために自由記述調査を行う
（調査3）。次に，その結果を元に作成した質問紙を用いて，メールの好まし
さの構造を検討する（調査4・5）。得られた結果は，読み手の立場における
好ましさ評価尺度と，書き手の立場における好ましさ探求尺度と名付け，好
ましさを計測する尺度として扱う。

　最後に，第二の下位目的を達成するために，与える情報を操作することが
書き手にどのような影響を与えるのかを検討する。このとき，読み手に対す
る意識が書き手の文章を向上させる（e.g., Roen & Willey, 1988；崎濱，2003a）
という先行研究の結果から，読み手との関係継続の予期の提示を要因の一つ
として検討する。また，メールに書くべき要素を示すことによって，それら
がメールに書かれるようになることも明らかになっている（Song, 2014）ため，
メールを書く際の注意事項の提示をもう一つの要因とし，公的なメールに書

くべき要素をルールとして提示することの影響も検討する。

第5章　読み手を対象としたメールの好ましさの検討

　第1章や第3章で指摘したように，やり取りを前提とした文章においては，読み手が文章に対してどのような評価を行っているかについての研究が少なく，未解明な点が多い。そこで，本章では，公的なメールに対し，読み手がどのような評価を行っているかを探索的に検討する。

第1節　メールに対する読み手の評価（調査1）[2]

目的

　本章では，一斉送信メールを対象とし，読み手がメールに対してどのような評価を行っているかを明らかにすることを目的とした。一斉送信メールとは，あるコミュニティに所属する複数の人に向けて同時に送られるメールであり，そのコミュニティ全体に向けた情報提供や業務連絡など公的な用途で使用される（倉澤，2011）。そのため，公的なメールを対象とする本研究の目的に適合すると考えた。

　本調査では，読み手の評価を多角的にとらえるため，読み手がメールの件名や本文のどこに着目するか，着目した部分に対してどのような評価をするか，その評価の理由はなにかの3点について探索的な検討を行った。

方法

　参加者　大学院生4名（男性：2名，女性：2名）が参加した（Table 5-1）。

2）　本節は，「菊池 理紗（2015）．日本語のメールに対する読み手の「評価」に関する考察――「書き手」という視点からの「評価」―― 待遇コミュニケーション学会2015年秋季大会」と「菊池 理紗（2016a）．日本語のEメールに対する読み手の『評価』――『一斉送信メール』を対象としたケーススタディ―― 待遇コミュニケーション研究，13，35-51.」，「菊池 理紗（2016b）．メールに対する読み手の評価とその共通点に関する考察　実践女子大学生活科学部紀要，53，69-77.」を加筆・修正した。

Table 5-1
参加者の属性とインタビュー所要時間

参加者	性別	年代	インタビュー所要時間
ア	女性	20代	68分
イ	男性	20代	69分
ウ	女性	30代	84分
エ	男性	30代	99分

　なお，本調査の参加者は菊池（2015，2016a，2016b）と同一である。調査実施時は，日本語のレベルが上級以上の日本語学習者3名と日本語母語話者4名の計7名が参加した。本章では，日本語学習者3名を分析から除外し，日本語母語話者である4名のみを分析対象とした。その理由は，本研究においては，日本語母語話者同士のやり取りを前提とした文章を取り扱うためである。

　参加者には，はじめに，メールで本研究の主旨と目的を説明し，同意を得た参加者にのみ，刺激となるメールと質問紙を送付した。後日，対面にて，再度，文書と口頭で研究目的と個人情報保護について説明し，半構造化面接を実施した。参加者は全員が同じ大学院に所属しており，日常的に一斉送信メールを使用したやり取りを行っていた。調査の内容および手続きについては，あらかじめ，早稲田大学日本語教育研究科・日本語教育研究センター研究調査倫理審査委員会から承認を得た（平成26年1月24日，承認番号：704）。

　刺激　事前に同意を得た参加者に対し，評価対象の4通の一斉送信メールとそれに関連する質問を，ワードファイルとしてメールで送付した。

　評価対象の一斉送信メールは，筆者が作成したメールである。作成時には，筆者が実際に受信したメールと，西出（2013）と大島・茶谷（2010），シーズ（2005），簗・大木・小松（2005）にモデルメールとして掲載されているものを参考にした（Figure 5-1–5-4）。メールの内容は，大学内の学会の開催通知

第 5 章　読み手を対象としたメールの好ましさの検討　41

件名：〔学会名〕学会春季大会開催のお知らせ

〔学会名〕学会会員の皆様

〔学会名〕学会春季大会を，以下の日程で開催いたします。

日時：4 月10日（土）13：00-18：00（受付開始12:30）
会場：〔大学名〕大学（東京都）
研究発表：口頭発表30本　ポスター発表20本
参加費：会員2000円　非会員3000円

※事前予約は不要です。当日，会場に直接お越しください。
プログラム詳細は以下の web サイトよりご確認できます。
http://www.abcdef.gakkai.html

皆様のご参加を心よりお待ちしております。

＊＊＊＊＊＊＊＊＊＊＊＊＊＊＊＊＊＊
お問い合わせ
〔学会名〕学会事務局
〒123-4567　〔事務所住所〕
Tel. 00-1234-5678
E-mail:vwxyz@abcdef.or.jp
＊＊＊＊＊＊＊＊＊＊＊＊＊＊＊＊＊＊

Figure 5-1.　評価対象のメール 1 。

と調査参加者の募集の 2 種類を用意した。また，それぞれのメールの書き手
は事務局，あるいは，面識のない学生の 2 種類を想定させた。なお，書き手
の一方を面識のない学生という設定にしたのは，予備調査において大学院生
6 名（男性：2 名，女性：4 名）に同じコミュニティに所属する書き手を想定
させて評価を行わせた際，読み手が評価の理由を書き手の個性に帰属させる
傾向がみられたためである。

　手続き　事前に参加者に上述の刺激を送付し，すべてのメールについて次
の質問に回答させた。質問項目は，メールの件名と本文それぞれについての
「好ましくない」から「好ましい」の 4 件法の評価と，評価の理由の自由記
述，評価対象のメールを修正する場合の修正箇所の自由記述である。メール

件名：【お知らせ】〔大学名〕大学〔学会名〕学会春季大会開催
〔大学名〕大学〔学会名〕学会　会員の皆様 日に日に暖かさを感じる頃になってきましたが， 皆様いかがお過ごしでしょうか。 さて，学内の掲示などで，既にご存知かとは思いますが， この度，下記の日程で〔学会名〕学会春季大会を開催いたします。 日時：4月10日（土）13：00-18：00（受付開始12:30） 会場：〔大学名〕大学　10号館101教室 研究発表：口頭発表5本　ポスター発表10本 参加費：会員500円　非会員600円 ※事前予約は不要です。当日，会場に直接お越しください。 プログラム詳細は以下のwebサイトよりご確認できます。 http://www.abcdef.daigaku.html 皆様のご参加を心よりお待ちしております。 〔大学名〕大学〔学会名〕学会運営係 〔研究科名〕研究科 博士課程2年　〔差出人氏名〕

Figure 5-2.　評価対象のメール2。

を修正するという質問は，好ましさの評価理由についての自由記述で述べられなかった考えを引き出すために設定した。

　後日，参加者の通う大学構内で一人ずつ，刺激であるメールと参加者が記入した質問への回答を参照しながら，回答内容について尋ねる半構造化面接を行った。所要時間は61-99分であった（Table 5-1）。半構造化面接における質問は，件名に対して4項目，本文に対して9項目を設定した（Table 5-2）。また，発言は参加者の許可を得た上でICレコーダーに録音した。

　分析　録音した音声を文字化し，次のステップ1－ステップ4の手順で分析した。なお，以下，カテゴリー名については《　》で表記する。

　ステップ1では，参加者毎に発言を以下の三種類に分類した。一つ目は

第 5 章　読み手を対象としたメールの好ましさの検討　　43

件名：【重要】アンケート協力のお願い

〔研究科名〕研究科　教員，学生各位

いつもお世話になっております。
〔研究科名〕研究科事務所の〔差出人名字〕です。
この度，〔研究科名〕研究科では，〔研究科名〕研究科の教員ならびに学生の
海外派遣プログラムに関するアンケート調査を行うこととなりました。

このアンケートは，本プログラムを通じた海外派遣に対して
現在〔研究科名〕研究科の教員・学生の派遣への意向を伺うこと，更には，
これまでに本プログラムを通じて派遣された学生，派遣に同行された先生から，
プログラムの良かった点，改善点などを伺うことを目的としております。
なお，プログラムの詳細に関しましては，添付の資料をご覧ください。

回答方法：このメールに添付されたアンケート用紙にご記入の上，
　　　　　メール添付で jimusyo@daigaku.jp に送付してください。
回答期限：6 月30日（金）

ご不明な点がございましたら，上記アドレスまでご一報ください。
今後のプログラム実施にあたり，率直なご意見を頂きたく，ご協力をお願い致します。

〔大学名〕大学〔研究科名〕研究科事務局
担当：〔担当者氏名〕
Email:jimusyo@daigaku.jp

Figure 5-3.　評価対象のメール 3。

《評価の対象》で，メール内で使用されている具体的な語句，書かれている
文章，「誰」などの疑問詞に対する言及のことである。二つ目は《評価の要
因》で，これは「○○たら」「○○とき」「○○場合」という語句を用いた発
話を指す。三つ目は《評価の内容》で，文末が「○○と（って）思う」「（形
容詞／形容動詞）です」「○○ほしい」などの発話を，参加者の行った評価そ
のものと定義した。次に，ステップ 2 として，《評価の内容》と判断された
部分を句点毎に区切り，それぞれの部分に対して，メールの印象を表わす語
句（「良い」，「○○という印象を持った」など）や書き手への提案・要求（「○○
してほしい」など）を表わす語句を用いた要約をラベルとして付与した。本章

件名：調査協力のお願い
〔研究科名〕研究科の先生，学生の皆様 突然メールを差し上げて申し訳ありません。 〔研究科名〕研究科修士１年の〔差出人氏名〕と申します。 私は今，「海外派遣における参加者と派遣先との相互理解」というテーマで 研究を行っており，現在，調査に協力していただける方を探しております。 ＜調査協力者の条件＞ 海外派遣プログラムに参加・同行された経験のある学生と先生，各10名。 ＜調査内容＞ 海外派遣プログラムにおける現地活動に関するアンケートとインタビュー ＜調査の段取り＞ １．アンケート用紙への回答 ２．回答内容に関するインタビュー（１時間程度） ※なお，アンケート用紙はこのメールの末尾に添付してあります。 ※インタビューは，回答内容によっては，多少時間が前後する可能性もあります。 もしご協力いただける方がいらっしゃいましたら，来月末日までに 下記のメールアドレスにご一報いただけると幸いです。 どうぞよろしくお願いいたします。 ＊＊＊＊＊＊＊＊＊＊＊＊＊＊＊＊＊＊ 〔大学名〕大学大学院〔研究科名〕研究科 修士１年　〔差出人氏名〕 E-mail：abcdefg@xyz.jp ＊＊＊＊＊＊＊＊＊＊＊＊＊＊＊＊＊＊

Figure 5-4. 評価対象のメール４。

では，個々の参加者の分析結果を詳細に取り挙げることは行わないため，ス
テップ３として，《評価の内容》を更に「ポジティブな評価」「ネガティブな
評価」「その他の評価」の三種類に区分した。ただし，「その他の評価」と判
断したものに関しては「気にならなかった」「○○すべきだ／すべきでない」
「○○でなくともよい」などをカテゴリーのラベルとして使用した。その後，

第5章　読み手を対象としたメールの好ましさの検討　45

Table 5-2
半構造化面接において使用した質問項目

件名に関する項目	1．件名を見たときにどの部分に注目したか。 2．（日常生活において）読まないメールはあるか。それはどのようなときか。 3．（日常生活において）何を基準にメールを「今読もう／後で読もう」と判断するのか。 4．調査用メールは，3のどちらと判断した場合で読んだか。それはなぜか。
本文に関する項目	1．メールを開いたときに，どの部分に注目したか。どの情報が欲しいと探したか。 2．「今読もう／後で読もう」と判断した場合に、読み方に違いはあるか。 3．本文を読んだとき，読み手である自分の立場をどこに位置づけたか。 4．直したいと思ったのはどこか。それはなぜか。 5．どのような前提で読んだときに直したいと思ったのか。 6．メールの内容によって注目する箇所は変わるか。 7．差出人が事務局である場合と個人である場合に読み方に違いがあるか。 8．（参加者募集のメールに対して）書き手に協力すると思うか。それはなぜか。 9．普段メールを読むときに気を付けていることはあるか。それは何か。

　ステップ4として，どのような《評価の要因》のときにどのような《評価の内容》となるかを《評価の特徴》としてまとめた。これらの手順はすべて筆者が一人で行った。

結果・考察

　はじめに，各メールの好ましさに対する評価を「好ましい」を4，「好ましくない」を1として，4件法で平均値と標準偏差を求めた（Table 5-3）。その結果，件名においては，最も好ましいメールが，内容が学会開催通知で書き手が事務局のメール1であり，最も好ましくないメールが，内容が調査参加者募集で書き手が学生のメール4であることが示された。また，本文においては，どれも理論的中央値の2.5を上回っていることから，どちらかと

Table 5-3
好ましさ評価の結果

	内容	書き手	件名		本文	
			M	SD	M	SD
メール1	学会開催通知	事務局	4.0	0.00	3.3	0.50
メール2		学生	3.5	0.58	3.5	1.00
メール3	調査参加者募集	事務局	2.0	0.82	2.5	1.29
メール4		学生	1.8	0.96	2.8	1.26

いえば好ましいと判断されたといえる。メールの内容（開催通知・参加者募集）
×メールの書き手（事務局・面識のない学生）を要因として2要因参加者内分
散分析を行ったところ，件名においてはメールの内容の主効果のみが有意で
あり（メールの内容：$F(1,3)=61.36$, $p<.01$, メールの書き手：$F(1,3)=1.42$, $n.s.$），
本文においてもメールの内容の主効果のみが有意であった（メールの内容：
$F(1,3)=27.00$, $p<.05$, メールの書き手：$F(1,3)=0.33$, $n.s.$）。したがって，メ
ールの内容の違いによって読み手の評価の理由が異なると考えられたため，
以後はメールの内容ごとに分析する。一方，メールの書き手の主効果が有意
でなかったことと，《評価の対象》がどちらの書き手でも同一である場合が
多かったことから，メールの書き手については分けずに分析する。

　次に，参加者4名の発話をステップ4まで分析した結果を Table 5-4と
Table 5-5に示す。なお，以後，メールの件名や本文の表現を引用する際は
『　』で，参加者の発言や質問紙への回答を引用する際は「　」で表記する。

　Table5-4と Table5-5に示した通り，各参加者の《評価の対象》や《評価
の特徴》は多様であった。例えば，学会開催通知において，参加者ウと参加
者エは書き手の名前表記を《評価の対象》とした点は共通していた。しかし，
《評価の特徴》は正反対であり，参加者ウは書き手の個人名があることをポ
ジティブに評価していたのに対し，参加者エは「個人名で送るべきでない」
とネガティブな評価を行っていた。調査参加者募集のメールにおいては，全

第5章　読み手を対象としたメールの好ましさの検討　47

Table 5-4
学会開催通知のメールに対する評価

参加者		件名	本文
ア	評価の対象	・収集した情報：学会名 ・【　】という表記	・収集した情報：日時，会場等 ・挨拶　・読点の位置
	評価の特徴	・興味のある学会に対しては，情報の詳細さに注意が向く。興味がなければ，詳しく読むことはしない。 ・挨拶があることに対してはポジティブな評価をし，ないと判断した場合はネガティブな評価をする。	
イ	評価の対象	・収集した情報：学会名 ・春季大会 ・使用語句：お知らせ　・文字数	・収集した情報：日時，会場等 ・挨拶　・署名 ・使用語句：お問い合わせ
	評価の特徴	・興味のある学会ほど，詳細な情報を求める。 ・挨拶は必須ではないが，小規模な学会やなじみのある学会からのメールであるという前提ならば，あるほうが良い。 ・学会の役員という立場でメールを送るならば，個人名を書くべきではない。	
ウ	評価の対象	・収集した情報：春季大会開催 ・使用語句：お知らせ	・収集した情報：日時，会場 ・書き手の名前表記
	評価の特徴	・自分が参加している学会であるという前提で読んだ。 ・情報は詳細なほうがポジティブな評価をつける。 ・書き手の個人名があると，後日，問い合わせに便利である。	
エ	評価の対象	・【　】という表記　・情報量	・挨拶　・書き手の名前表記
	評価の特徴	・調査用のメールとしていて読んでいたため，本文の情報量は気にならなかった。 ・挨拶はあるべきであり，ないと判断した場合には，ネガティブな評価をする。 ・学会に関するメールは個人名で送るべきではない。	

Table 5-5
調査参加者募集のメールに対する評価

参加者		件名	本文
ア	評価の対象	・情報収集できるか：調査の内容 ・使用語句：重要 ・書き手	書き手が事務局の場合 　・収集した情報：調査の内容，対象となる人 　・箇条書きか文章書きか　・挨拶 書き手が学生の場合 　・収集した情報：書き手に関する情報，調査の内容，参加者の条件 　・箇条書きか文章書きか 　・使用語句：注意事項，今／現在
	評価の特徴	・件名に書き手の名前・調査の内容がないことに対してネガティブな評価をしていた。 ・書き手が個人である場合には，書き手の状況を推察し，文章との整合性を考える。 ・挨拶があることに対してはポジティブな評価をし，ないと判断した場合には，ネガティブな評価をする。 ・箇条書きにはポジティブな評価を，文章で書かれた説明にはネガティブな評価をする。	
イ	評価の対象	・情報収集できるか：調査の内容，書き手 ・使用語句：重要	・収集した情報：調査の内容　・文面全体 ・使用語句：各十名，来月，末尾
	評価の特徴	・件名から書き手・調査の内容がわからないことに対してネガティブな評価をしていた。 ・件名から内容がわからないため，本文を読む気が起きなかった。 ・内容が箇条書きであるとネガティブな評価になる。特に，書き手が個人である場合は，よりネガティブな評価になる。	
ウ	評価の対象	・情報収集できるか：調査の内容，書き手 ・使用語句：重要	書き手が事務局の場合 　・収集した情報：調査の内容 　・添付ファイル 　・書き手の個人名が書かれているか 書き手が学生の場合 　・収集した情報：期日　・添付ファイル 　・宛名の書き方 　・箇条書きか文章書きか
	評価の特徴	・書き手が個人である場合，期日や添付ファイルに対してネガティブな評価をしていた。 ・件名から書き手・調査の内容がわからないことに対してネガティブな評価をしていた。 ・教師の立場で読んだときと，学生の立場で読んだときの二通りの視点での評価を行っていた。学生として読んだ場合には気にならなかったことが，教師の立場で読んだときはネガティブな評価になる。 　例：『〔研究科名〕研究科の先生，学生の皆様』 ・教師の視点で読んだとき，箇条書きで書かれているとネガティブな評価をする。	
エ	評価の対象	・情報収集できるか：調査の内容，書き手 ・使用語句：調査協力のお願い	・冒頭の書き手の名乗り ・箇条書きか文章書きか ・挨拶
	評価の特徴	・件名から書き手・調査の内容がわからないことに対してネガティブな評価をしていた。 ・書き手が個人である場合のみ，本文の一行目で名乗らないとネガティブな評価をする。 ・文章で書かれたものは，書き手に関わらずポジティブな評価になる。 　一方，箇条書きに対しては，個人が書き手の場合は，ネガティブな評価をしていた。	

員が箇条書きの存在を《評価の対象》としていた一方で，参加者アはポジティブに，参加者イと参加者エはネガティブに評価しており，参加者ウは「教師の立場で読んだとき」にネガティブな評価を行うと述べていた。また，《評価の要因》の違いによって，同じ評価者の中でも評価は変動していた。参加者アは，学会開催通知では，メールの書き手である学会に対する興味の有無によって，詳細を気にするかが異なっていた。さらに，参加者ウは，調査参加者募集のメールについて，教師の立場で読んだ場合と学生の立場の2通りの視点を想定し，異なる評価を行っていた。これらのことから，読み手の評価は個別性や流動性が高いと示唆された。

　しかしながら，参加者の発言には次の五つの共通点が見出された（Table 5-6）。一つ目の共通点は，メールの内容によって読み手の着目する部分が異なることである。件名においては，学会開催通知の場合は，実質的な情報である学会名に加えて，『お知らせ』といった文言や『【　】』の使用が評価の対象となっていた。一方で，参加者募集については，参加者はメールの内容を調査参加の依頼と捉え，書き手が誰であるか，あるいは，調査内容の情報がどの程度提示されているかに注目した。また，本文においては，学会の開催通知と参加者募集のメールの双方で，提示された情報の詳細さが注目されていた。例えば，学会の開催通知では，会場となる大学名の後ろに所在地である都道府県を書くかどうか，都道府県だけでなく市町村まで書くかなどである。さらに，参加者募集のメールでは，それに加えて，情報の提示の仕方も評価の対象となった。すなわち，依頼内容である質問紙調査の説明の具体性に加え，説明形式が箇条書きであるかどうかが注目された。

　やり取りを前提とした文章においては，読み手も書き手も表現により注意を向けやすい（本稿第3章）。ここから，読み手に情報を提供するという点においては，学会開催通知のメールと調査参加者募集のメールは類似している。しかし，この2種類のメールの間では，評価の対象に違いがみられた。このような違いがみられた理由としては，メールや話題に関する既有知識の影響

Table 5-6
分析から見出された共通点

見出された共通点	共通点が生まれた理由として考えられること
共通点1	メールの内容によって、本文中で着目される部分が異なる。	(1) 内容に対する既有知識の違いによって，読み手の関心の向く事柄が変わる。 (2) 依頼に対しては，依頼という行為に関する既有知識から，読み手は自分に対する配慮を期待し，それに注目する。
共通点2	メールの本文を評価するときには件名が影響し，件名を評価するときには本文が影響する。	件名が，読み手の既有知識を引き出すキーワードになっている。読み手は，件名から喚起された既有知識をもとにメールの本文に対して評価を行うが，それができない場合には，その件名に対して「不十分」という否定的な評価を行っていた。
共通点3	メールの内容に関わらず，挨拶は重要視される。	メールには挨拶を書くことが一般的であるという共通の既有知識が読み手に定着している。このような既有知識は，読み手・書き手としての経験や勉強から作られていると考えられる。
共通点4	書き手の違い（事務所／学生，あるいは，興味の有無）によって評価が異なる。	メールの書き手の特性や読み手との関係性，書き手との今後の関係に対する読み手の推測が評価に反映されたと推察される。
共通点5	読み手が不足や不満を覚えた場合の方が，具体的な指摘や改善案が述べられる。	読み手は，ネガティブな評価を行う箇所が少ない場合に，そのメールを好ましいメールであると捉えている可能性がある。

が考えられる。読み手は文章から得た情報と既有知識を組み合わせて状況モデルを構築する（Kintsch, 1998）ため，本調査におけるメールを読む際には，これまでやり取りされたメールから得た情報も参照される。学会開催通知は返信などを要求していないため，読み手は書かれている情報の理解に重点を置いた可能性がある。他方，調査参加者募集は調査への参加の依頼と捉えられるため，返答が求められていると感じるだろう。すなわち，返信を送るかどうかを決めるために，内容のみならず文章の書き方にも関心が向くと推察される。つまり，メールの目的に関する既有知識が違うことによって，評価

をする対象が変わったといえる。加えて，依頼は「その依頼内容を実現させるための，様々な工夫や配慮が求められることになる（蒲谷，2013，p.288）」行為である。よって，依頼という行為に関する既有知識が引き出された結果，読み手に文章の工夫や配慮に対する期待が生まれ，箇条書きであるかどうかといった点などに注意が向いたと推察される。

　参加者の評価の二つ目の共通点は，メールの本文を評価するときには件名が参照され，件名を評価するときには本文の内容が影響することである。メールに対する評価を扱った先行研究においては，評価の対象はメールの本文に限定されていた（e.g., 廣瀬・牛島・森，2014；加藤・加藤・赤堀，2006a）。しかし，予備調査より，読み手はメールを読む際に件名にも着目して評価を行うことが示されたため，本調査では件名に関する評価も調査や分析の対象とした。その結果，件名を評価する際に本文を見た，あるいは，本文を読む際に，件名から得られた情報をもとに評価の対象を変えたといった発言がみられた。例えば，参加者ウは，事務局が差出人である調査参加者募集のメール（メール3）の件名『【重要】アンケート協力のお願い』に注目し，「アンケートのお願いだけだと，なんのアンケートかちょっとわからないから」と「ちょっと（本文の）内容をばっと見てから」件名にアンケートの内容を付け足すように修正したと述べていた。これについては，他の参加者からも類似の発言がみられている。一方，件名が本文の評価に影響した例としては，参加者アの発言が挙げられる。参加者アは，メール1の件名に『［学会名］学会春季大会』と書かれていたことに対して，「（件名に）中身，が書いてあるので，私はわかりやすいなと思って」と語っていた。そして，件名で把握した学会に対する熱意の違いによって，その後の本文に対する興味が変わり，結果としてメールに対する評価も変わると述べていた。

　これらのことから，メールの件名が既有知識を引き出すキーワードになっている可能性が指摘できる。本調査のメールを例に取れば，メールの件名に書かれた学会の名前から，その学会の規模やこれまでの開催時期などの情報，

52

読み手自身の学会への関心の強さ，学会から送られてくるメールに書かれている情報としてどのようなものがあるかといった既有知識が喚起されると考えられる。一つ目の共通点もふまえると，件名から喚起された既有知識によって本文中の評価の対象が異なり，その結果として本文に対する評価の内容が異なったと推察される。反対に，件名がそのような役割を果たせない場合には，その件名に対して「不十分」という評価をつけると予想される。一般的に，メールの件名は簡潔で端的に内容を伝えることが求められる（e.g., 大嶋・茶谷，2010；小田，2011）。このような慣習も，件名がキーワードになることを示す一例といえるだろう。なお，本調査は，参加者の認知過程の調査は行っていないため，本章ではこのような可能性の指摘に留める。しかし，メールに対する評価の調査においては，件名は検討すべき要素であるといえる。

　三つ目の共通点は，メールの種類に関わらず，挨拶が重要視されることである。これは，読み手の抱くメール文章に対するイメージ，あるいは，メール文章のルールの既有知識が喚起されたためであると考えられる。例えば，参加者イは「団体からのものは団体として送るべきっていう，なんか，ビリーフ[3]のようなものがあるようなので」と自分の中に「こうあるべきだ」というイメージがあることを自覚した発言をしていた。彼は大学院に通う前に勤めていた職場でのルールや経験を，自分の規範としていると語っていた。また，他の参加者の発言にも，自身の読み手としての経験から，一般的なメールをイメージし，評価を行うメールがそのイメージに合うかどうかを照らし合わせている様子が窺えた。これらのことから，挨拶に限定すれば，本調査の参加者が読み手として触れてきたメールや学んできたメールの書き方では，メール文の最初と最後に挨拶を書くことが一般的であったといえる。加えて，複数の視点を経験した読み手は，複数の視点からの評価を行っていた。教師経験のある参加者ウは，教師の立場で読んだ場合と学生の立場で読んだ

3）「ビリーフ」とは，信条や信念，価値観などを包括した表現である（阿部，2009）。参加者イの発言においては，彼の評価の根底にある考えを指す。

場合では評価が異なると語り，それぞれの視点での評価を述べていた。さらに，参加者ウは，自分がそのメールに返事を出すつもりで読んだ場合の評価を述べ，参加者エは，自分がメールを書くときに気にしているところが評価の対象となったと述べていた。すなわち，メールの書き手としての視点や経験も評価に影響を及ぼしている可能性が指摘できるだろう。

　したがって，読み手として，あるいは，書き手としての経験，勉強として学んだときの経験など，メールに関係するあらゆる経験が，メール文章に対するイメージを作り上げているといえる。その中で，挨拶は，書かれていることが一般的であるという共通のイメージが読み手の中に定着していると考えられる。そのため，挨拶だとみなせる言葉が文章中になかった場合は挨拶がないという事実に注意が向き，反対に挨拶があると判断した場合は使われている表現などに着目すると推察される。

　四つ目の共通点は，書き手の違いによって評価の内容が質的に異なったことである。本研究では，筆者が想定していた事務局と学生という差異に加えて，学会開催通知においては，学会に対する興味の程度も，書き手の違いとして見出された。ここから，好ましさは一義的なものではなく，同程度の好ましさであっても，何を好ましい，あるいは，好ましくないと感じたかの詳細は書き手の特性によって異なる可能性が示唆された。

　書き手の役職や性別によって，メールで重要視する要素（e.g., 誠実さ，親しみなど）や感じる快さは異なる（e.g., 加藤・加藤・赤堀，2006a，2007）。また，文章に対する評価には「書き手」と「書き手と読み手との関係性」が影響を及ぼす（宇佐美，2013）。したがって，本調査においても，メールの書き手の特性や読み手との現在の関係性，書き手との今後の関係に対する読み手の推測が，評価に反映された可能性がある。すなわち，第1章で指摘した通り，やり取りを前提とした文章を扱う際には，書き手と読み手の関係性を明示することが必要であるといえる。

　五つ目の共通点は，読み手が不足や不満を覚えた場合のほうが，ポジティ

54

ブな評価をしているときよりも，具体的な文章が指摘されたり改善案が提示
されたりすることである。これについては，小林（2004）で類似の結果が述
べられている。小林（2004）は，日本語母語話者が日本語の学習者の使用す
る日本語を評価する際，ネガティブな評価を付けたときほど，具体的な発話
が指摘されやすかったと指摘した。これとは対照的に，ポジティブな評価を
している場合や問題がないと感じた場合には，具体的な表現が指摘されるこ
とは少なく，ただ漠然と「なんとなくよい」といった評価であった。

　したがって，好ましさを肯定的な言葉で定義することは難しく，ネガティ
ブな評価が少ない場合に好ましいと捉えられている可能性が考えられる。す
なわち，書き手が一斉送信のようなメールを書く場合には，読み手からポジ
ティブな評価を得ることを目指すだけではなく，ネガティブな評価が少なく
なることを目指すことで，より好ましいと評価されやすくなると予想される。
これについては今後の検討が望まれる。

第2節　本章のまとめ

　やり取りを前提とした文章では，それを考慮しない文章とは異なり，表現
に対してより注意を向けている可能性がある（e.g., Lewandowski & Harrington,
2006；紺野・坂本，2017）。そこで，本章では，公的なメールの読み手の評価
に着目し，読み手が一斉送信のメールに対してどのような評価を行っている
かを明らかにすることを目的とした。大学院生4名を対象に，読み手がメー
ルの件名や本文において着目する部分とそれに対する評価，その評価の理由
の3点に着目して検討した。

　参加者にはメールを読ませ，好ましさに対する4件法の評価とその理由，
修正点について回答させた。その後，半構造化面接を行い，その音声を録音
した。文字化した音声を，読み手が着目した《評価の対象》と，その対象に
対する《評価の内容》，その理由である《評価の要因》に分類し，このうち，
《評価の内容》と《評価の要因》を，《評価の特徴》としてまとめた。

第5章 読み手を対象としたメールの好ましさの検討　55

　参加者から得られた《評価の対象》と《評価の特徴》から，メールの件名
から読み手の既有知識が喚起され，メールの内容や書き手の特性といった喚
起された知識の違いによって，評価に流動性があることが示された。この結
果をふまえると，読み手の評価には二つの側面が存在する可能性が指摘でき
る。一方は情報の不足に対する評価，もう一方は情報の提示方法，すなわち，
表現に対する評価である。読み手の評価は，メールの件名から喚起されたメ
ールを用いたやり取りやメールの内容に関する既有知識に影響されていた。
すなわち，既有知識の喚起が十分に行われない場合や，メール書かれた情報
に不足があるときに，参加者はそのメールの件名や本文をネガティブに評価
していた。また，挨拶のような一般的に公的なメールに書かれるといわれる
事柄については，その表現が書かれているかも評価の対象となり，書かれて
いない場合にネガティブな評価が行われていた。加えて，読み手がネガティ
ブな評価を行った箇所についてより具体的な発言を行うことから，読み手は
ネガティブに感じられる部分により重点を置いていることが示された。

　さらに，本調査によって，読み手が件名に対しても評価を行っていること
も明らかになった。これまでの研究では，件名は評価の対象になっていなか
った（e.g., 廣瀬・牛島・森，2014；加藤・加藤・赤堀，2006a）。しかし，件名は
メールに特有のものであり，メールの研究の妥当性を高めるためには，今後
は件名についても検討を行う必要があるだろう。

　以上のように，読み手の評価では，やり取りを考慮しない文章を対象とし
た先行研究では指摘されていなかった結果が得られた。次章では書き手に焦
点を当て，書き手がやり取りを前提とした文章において何に注意を向けてい
るのかについて検討する。

第6章 書き手を対象としたメールの好ましさの検討

　第5章では，読み手は，必要な情報が不足していないかと，その情報をどのように書いているかという二つの側面に注意を向けていた可能性が示された。また，件名や挨拶のような特定の要素への着目やネガティブな評価を行った箇所への具体的な言及がみられた。すなわち，第3章で指摘した通り，やり取りを前提とした文章において，読み手は，先行研究で得られた知見とは異なる点に着目して，文章を評価していたことが明らかになった。したがって，やり取りを前提とした文章を書く場合においても，書き手が先行研究とは異なる点に注意を向けて，文章を書いている可能性が考えられる。そこで，本章では，書き手に着目し，書き手がメールを書くときに何に注意を向けていたかを探索的に検討する。

第1節　メール作成時の書き手の工夫（調査2）[4]

目的

　本章では，書き手がメール作成時に何に気をつけて文章を産出していたのかを検討した。調査は面接法で行い，そのスクリプトは質的な分析手法の一つであるグラウンデッド・セオリー・アプローチ（Grounded Theory Approach：GTA）を用いて分析した。GTA は，一定のプロセスを持つ現象を図式化することに長けている。文章産出は，第2章で述べたようにプロセスモデルの存在が指摘されており（e.g., Flower & Hayes, 1981；山川・藤木，2015），GTA が分析手法として適切であると判断した。また，GTA では，参加者の発言をデータとして，ボトムアップ的にカテゴリーの命名や因果関係の検討

4）　本節は，「菊池 理紗（2020）．好ましいメールの産出において考慮される要因の関係　読書科学，62，26-41.」を加筆・修正した。

を行う（戈木クレイグヒル，2006）。したがって，よりデータに則した考察が行えるだろうと考えた。なお，本研究におけるメールの送信場面は業務場面とし，使用する媒体は PC とした。社会人は，ビジネス場面のコミュニケーションツールとして，メールを最も多く使用する（一般社団法人日本ビジネスメール協会，2019）。加えて，PC を使用したメールは，休日より平日の行為者率が高く，利用時間も長い（総務省情報通信政策研究所，2019）。これらのことから，ビジネス場面でのメールは PC を使用する可能性が高いと推察した。

方法

参加者　社会人 5 名（男性：2 名，女性：3 名）が参加した。事前に文書と口頭で研究目的と個人情報保護について説明し，同意書で同意を得た参加者のみにインタビューを行った。参加者 A・B・C は女性で，職業は大学事務職員と日本語教師，会社員であった。参加者 D・E は男性で，職業は会社員と大学事務職員であった。年齢は20代後半－30代後半であった（Table 6-1）。参加者は，(1)1 年以上の職歴があり，(2)日常的に仕事上で PC を使ったメールのやり取りを行っており，(3)上司から仕事を命じられる立場であった。

なお，戈木クレイグヒル（2006）では，参加者は，理論的飽和に至るまで，理論的サンプリングによって集められるべきであると指摘されている。しかし，本研究の目的はメールを書くときに気をつけていることの探索的な研究

Table 6-1
参加者の属性とメール作成時間・インタビュー所要時間

参加者	性別	年代	職業	メール作成時間	インタビュー所要時間
A	女性	30代	大学事務職員	44分	50分
B	女性	20代	日本語教師	11分	31分
C	女性	20代	会社員	10分	36分
D	男性	30代	会社員	14分	29分
E	男性	30代	大学事務職員	11分	27分

であり，かつ，異なる業種に従事する参加者からデータを集めたことから，5名という少数でも分析に値すると判断した。また，最後にインタビューを行った参加者Eの発言に新しいカテゴリーが見出されなかったため，その時点でデータの収集を終了した。

手続き　はじめに，参加者に場面設定に関する条件を提示し，上司からのメールに対する返信を書くよう教示した。条件は，書き手の名前や，返信の送り先，すなわち，書いたメールの読み手が書き手の上司であること，内容が断りであることなどの計7項目であった（Table 6-2）。その後，Figure 6-1に示した上司からのメール（以下，受信メール）を読ませ，返信を書かせた。執筆時間は制限せず，書き手が納得するメールが書けたら送るよう教示した。参加者が受信メールを読み始めてから送信するまでの所要時間は，10分—44分間であった。

　読み手を参加者の上司としたのは，社会的勢力（social power）がより弱い立場の者（e.g., 雇用者）がより強い立場の者（e.g., 雇用主）にメールを書く場合は，逆の立場に立った場合よりも熟考する（Scholl & Sassenberg, 2014）ためである。これにより，言語表現の選択や内容の精査などにより注意が向けられ，文章に対する試行錯誤がより起こりやすくなると考えられた。加えて，企業の管理職に占める女性の割合が10%前後であること（厚生労働省, 2016）

Table 6-2
参加者に提示した7項目の条件

・あなたの名前は，「鈴木　光」です。平社員です。
・受信メールの差出人は，あなたの直属の上司です。
　つまり，あなたに，直接仕事を命じることができる立場にいる人です。
・上司から指定された日は，もともと公休日なので，以前から別の予定が入っています。
・あなたの予定は，今からは変更ができません。
・予定の内容に指定はありません。
・上司は，あなたより年上で，返信は早く欲しいというせっかちな一面を持っています。
・あなたは，上司との関係を悪くすることは，できるだけ避けたいと思っています。

60

件名：外部向けセミナースタッフの依頼

鈴木さん

松田です。お疲れ様です。
〇月〇日（土）に開催される，
外部向け無料セミナーについてです。
今，セミナー当日の，会場スタッフの人手が
不足しているのですが，鈴木さんも手伝ってくれませんか。

鈴木さんなら，安心して仕事を任せることができますし，
また，今回のセミナーのテーマは，鈴木さんにとっても，
聞いて損はない内容だと思います。

手伝いが可能かどうか，折り返しご連絡ください。
このメールへの返信で構いません。
よろしくお願いします。

松田太郎
電話：080-0000-0000
メール：chousamail1@gmail.com

Figure 6-1. 受信メール。

を考慮し，上司の性別は男性に限定した。

　参加者がメールを書いている間，メールの作成画面を録画した。メールを書き終えた後，参加者に録画した映像を見せながら，書くときに何を考えて書いていたのかを中心にインタビューを行った。産出されたメールの例として，参加者 A のものを以下に引用する。文中の「／」は改行，「／／」は間に空行が入ることを示す。

　　松田課長／／お世話になっております。鈴木です。／無料セミナーの会場スタッフを担当する件についてご連絡いたします。／／大変申し訳ございませんが，〇月〇日（土）当日はどうしても外せない予定があり／出勤することができません。／／業務が大変なときにヘルプができず，誠に申し訳ございません。／／当日の

補助はできませんが，前日である△日（金）また▼日（日）は／残業・出勤することが可能です。／（中略）／どうぞよろしくお願い申し上げます。／○日（土）当日，お役に立てませんこと重ねてお詫び申し上げます。／／鈴木光

　分析　録音したインタビューデータを文字化し，戈木クレイグヒル（2006，2008）を参考に，次の手順でGTAを用いた分析を行った。はじめに，参加者のインタビューデータを，意味のまとまりで細分化し，総計525の切片を得た。切片は，一文だけでなく，複数の文が含まれる場合もあった。次に，切片に含まれる重要な観点（プロパティ）とその程度（ディメンション）を書き出し，その内容を参考にして，各切片にラベルを付与した（ステップ1）。その後，類似した内容のラベル同士をカテゴリーとしてまとめ，そのカテゴリーの意味を定義した（ステップ2）。ここまでの作業は筆者が一人で行った。

　続いて，心理学を専攻する大学院生二人を協力者とし，筆者も加えた三人でカテゴリー名と定義，分類に対する妥当性の検討を行った。この手続きによってカテゴリーの妥当性は確保できたものと判断し，その他の参加者のデータに関しては筆者が一人で分析を行った（ステップ3）。得られたカテゴリーに対して，プロパティとディメンションを参考に，カテゴリー同士の因果関係を考えて関連付けた結果，三つのグループが見出され，それらのグループは，それぞれがメールを書くという行為に含まれる現象と定義された（ステップ4）。最後に，現象毎にカテゴリー同士の関係性，また，カテゴリー名やラベル名，因果関係を示すプロパティ・ディメンションが適切かどうかを筆者が検討した（ステップ5）。

結果と考察

　各カテゴリーは，以下のステップ1からステップ5の手順によって生成された。ステップ1において，内容を損なわない程度に意味のまとまりで区切られた総計525の切片に対し，プロパティとディメンションを付与した。例えば，「自分の業務の場合はよくある話（C）」と「先生の世界って，全部先

生で通じるから（B）」という発言は，同じ「職場の類似度」というプロパティが含まれていると捉えられた。一方，ディメンションについては，課題と類似の状況が頻繁に起こりうると話した前者を「職場の類似度：高い」，課題場面と学校場面では敬称の使い方が違うと述べた後者を「職場の類似度：低い」と解釈した。一つの切片に対し，複数のプロパティとディメンションが付与される場合もあった。各切片に対するラベルは，付与されたプロパティとディメンションを参考に命名された。ステップ２では，付与されたラベルを比較して類似した内容のものをグループ化し，カテゴリーの名前と意味を定義した。

　ステップ３では，協力者二人に調査の目的等を伝えた上で，ランダムに選出した切片をもとに三人でカテゴリー名とその定義が妥当であるかを検討した。さらに，同じ協力者と筆者の計三人で参加者Ａのすべての切片を各カテゴリーに分類した。分類の結果，三人全員が異なるカテゴリーを選択した切片は存在しなかった。また，一致しなかった箇所については，三人で協議の上，カテゴリーを決定した。この手順により，カテゴリー名と分類の妥当性は確保されたと判断した。すべてのデータを分析して最終的に得られた25のカテゴリーとそれに含まれるラベル，発言のデータの例は Table 6-3 の通りである。

　ステップ４・５の手続きによって各カテゴリーの因果関係を検討し，関連付けた結果，得られた25のカテゴリーのうち19カテゴリーが【場面設定の掘り下げ】と【メールの好ましさの探求】，【好ましさの程度の検討】という三つの現象に分類された（Table 6-4）。これら三つの現象は，書き手が，上司から送られたメールを読み，返信の文章を書き，送信ボタンを押すまでの認知過程を表している。

　以下，それぞれの現象について，カテゴリー同士の因果関係を示したカテゴリー関連図をもとに説明する。図と本文においては，現象の名前にもなっているメインカテゴリーは【　】で表し，それぞれの現象に含まれるサブカ

テゴリー名は〔　〕で表す。また，メールを書く際の7項目の条件や上司から受け取ったメールを本文中で引用する際は『　』で，参加者の発言や書いたメールを引用する際は「　」で表すこととする。

　なお，これらの三つの現象とそれらに含まれているカテゴリーは，どの参加者からもおおむね偏りなく見受けられた。一部，〔読み手との関係性の維持〕や〔構成要素の重複〕のように特定の参加者のみが言及したカテゴリーも存在する一方で，ある参加者の発言が特定のカテゴリーに集中するということはなかった。ここから，今回得られたカテゴリーは，一般化に値すると考えた。

　場面設定の掘り下げ現象　Figure 6-2は【場面設定の掘り下げ】現象のカテゴリー関連図である。【場面設定の掘り下げ】現象とは，7項目の条件と受信メールを読んだ参加者が行った，場面設定に対する推測や設定の追加である。

　参加者は，まず，提示された7項目の条件や受信したメールから得た情報と〔参加者の現状との比較〕を行った。休日に出勤を依頼される場面は全員に経験があり，過去の経験や現在の職場でのメールのやり取りが想起されていた。例えば，一般企業で働いている参加者Cは，「自分の業務の場合はよくある話」と述べ，メールの読み手として現実の直属の上司を想定したという。そして，その上司の役職やどのような状況でそのメールを読むかを考えた。さらに，〔受信メールの再読〕を通して，依頼内容の緊急性は高いと判断していた。このように読み手の役職や依頼内容の緊急性など，教示には含まれていない場面設定に対する推測を【場面設定の掘り下げ】と命名した。

　なお，カテゴリー同士の因果関係は，プロパティとディメンションを根拠に導き出した。〔参加者の現状との比較〕と【場面設定の掘り下げ】を例にすれば，参加者は〔参加者の現状との比較〕を行った結果，これまでの経験や職場との類似度の高さに気づき，これを理由に実際の上司を想定するなどの【場面設定の掘り下げ】を行っていたと考えられる。したがって，カテゴ

Table
最終的に得られた25のカテゴリーとラベル，

	カテゴリー名	ラベル
1	参加者の現状との比較	経験との類似，経験との相違，実在の上司，現実の職場環境
2	場面設定の掘り下げ	依頼の緊急性，依頼の強制度，書き手の状況，書き手の予定，返信内容，読み手についての想像
3	受信メールの再読	依頼内容の確認，日時の確認，他の用件の有無の確認，受信メールの使用表現の確認，受信メールの雰囲気の確認，送信ストレスの緩和
4	メールの好ましさの探求	わかりやすさ重視，簡潔さ重視，読みやすさ重視，失礼さ回避，関係性悪化の回避，無難さ重視
5	異なる関係性との比較	読み手が顧客の場合，読み手が女性の場合，読み手が部下の場合，読み手が繊細な場合，読み手の役職がわかる場合
6	メールに関する既有知識	メールのマナー，メールに対するイメージ
7	読み手との関係性の維持	関係性悪化の回避に対する希望
8	読み手の反応の予測	読み手の理解に対する想像，読み手が抱くメールの印象に対する想像，読み手の返答に対する想像
9	受信メールにおける指名	読み手からの期待，書き手に対する配慮
10	謝罪	謝罪の意識の表明
11	構成要素の重複	謝罪の重複
12	個人的な習慣	情報の精査，日付の明示，改行，素早い返信，表現の検索，定型表現の選択

第6章　書き手を対象としたメールの好ましさの検討　65

6-3
参加者のデータの例（ステップ2・3）

参加者のデータの例
経験との類似「まあ，自分の業務の場合はよくある話なので，で，ずらせない予定とかも，結構，ある状態で頼まれるってことっていうのは，あるんですけど。」(C)
依頼の緊急性「まあ，メールの文面，上司から送られてきたメールの文面から見ても，まあ，休みだけど，出勤してくれないかっていうことで，そこまで，切羽詰まってないのかな，上司の方も。」(A)
依頼内容の確認「この『何月何日に会場スタッフの人手が不足しているから手伝って』ってここばっか，実際読んでた。」(B)
わかりやすさ重視「(内容を伝える表現として)どれが一番わかりやすいかなって考えてます。」(E) 失礼さ回避「その，困りごと，を，たぶん共感してないって思われちゃうと，ちょっと失礼に当たることがあるんで」(D)
読み手が顧客の場合「(読み手が上司ではなく)他の人だったら，もっと敬語，丁寧語，日本語の使い方のマナーなんかを，ちょっと，ちょっとは調べます。えーっと，まあ，まず，お客さん。第一はお客さん(の場合)。」(C)
メールのマナー「こういう(断りの)メールって，理由も言いましょうみたいな，自分でも教えた，留学生にも教えたことがあったし，」(B)
関係性悪化の回避に対する希望「上司と関係悪くしたくないらしいし，いいやと思って。下手に出てればいいや，って思って」(A)
読み手の理解に対する想像「リマインドの意味でも，たぶん，僕の返信に対しても，『あれ？Dくんに何か，頼んだ，あー，あの件かー』って，おも，わせるような，リマインドする意味での，内容を」(D)
読み手からの期待「『鈴木さんなら安心して仕事を任せることができますし，また，今回の』っていう，なんでしょう，(中略)一応，あなただから，頼めるのよ，っていうような，えーっと，期待を，感じるような，文面だなあっていうところに，引っかかるというか，ところ，を，気にして，ました。」(A)
謝罪の意識の表明「その，申し訳ないっていうのが先頭に来るように書いてます。」(C)
謝罪の重複「(産出したメールに)『申し訳ございません。』っていう，謝り，が，今回多分三回きてるから，(中略)ここで一回，一呼吸置いて一回，って入れたけれども」(A)
定型表現の選択「ただ，文面の，フォーマットみたいなのが僕の中であるんで，挨拶して，用件，書いて，なんか不足，補足事項みたいなの書く，っていう，感じ，で，いつも，やってる」(D)

66

Table
最終的に得られた25のカテゴリーとラベル,

13	用件述べ	メールの用件の提示，結論の提示，結論前の緩衝材，書き始めに対する悩み
14	特定の表現の不使用	直接的な断りの回避，不適切な表現の不使用，特定の語彙の不使用，口語表現の回避
15	好ましさの程度の検討	表現の検討，敬称の検討，構成の検討，分量の検討
16	納得	表現に問題なし，メールに悪い印象なし，文章に問題なし
17	妥協	諦め，修正の断念
18	文字化の取りやめ	表記の取りやめ，詳細記述の取りやめ，代案記載の取りやめ，表現の変更，文型の変更
19	不満	ネガティブな評価，不足への気づき
20	パソコンという媒体	操作の失敗，普段使用するシステム
21	ピアチェック	ピアチェック
22	最終確認	送信前の確認，送信前の読み返し
23	後悔	文章が冗長，修正の必要性，脱字，産出時間過多
24	満足	自己への賞賛，達成感
25	疲労感	疲労感

第6章 書き手を対象としたメールの好ましさの検討 67

6-3（続き）
参加者のデータの例（ステップ2・3）

メールの用件の提示「とりあえず，このメールは，どのようなメールなのかっていう，自分の，メールの内容の，ま，要約みたいな，ものを一文で。」(D)

直接的な断りの回避「ま，一般論として，こう，ね，何か断るときに，こう，直接的な表現，っていうのは，避けるというのは，まあ，常識的なものなのかなと思います。」(E)

表現の検討「おっしゃってくださいっていうのか，あの，お手伝いさせてくださいって書くのかっていうので悩んで。なんかちょっと変な話だけど。でも，お手伝い，お手伝いって来てるから，おっしゃってください，にしたんだけど。」(B)

表現に問題なし「まあ，あれですよね，予定が入ってて変更できませんっていうので，まあ，間接的にではあるけれども，まあ，こういう風に，こう，その，なんですか，仕事に行けませんよ，というのは，伝わるかなと，はい。」(E)

諦め「どうかなって思いながらも，そこ（謝罪の重複）は読み返してまあいいかなと思って，送信ボタンを押しました。」(A)

表記の取りやめ「まあ，（任せられるという言葉に対する応答を）結局しなかったんですけどね。」(E)

ネガティブな評価「で，そしたら，ありがとうございます，『ご連絡ありがとうございます』って書くのが，なんか重なっちゃってちょっと気持ち悪いなって思って，」(B)

操作の失敗「バックスペースじゃなくて，デリートを使うべきところでバックスペースを使うっていう，バックスペースを使って，あー違ったっていうのを繰り返してました」(A)

ピアチェック「デスクの隣の人とかに，最後読んでもらったと思う。あのー，これ書いて，私たぶん結構すぐ相談するから，隣のデスクの，松田さんがいないところ，だったら，なんかこんなの来たんだけど，これで問題ないよねって確認してから送ってる。」(B)

送信前の確認「なんか，添付忘れやら，誤字脱字やら，特に他社さんだったら名前の間違いというか，失礼がないかなみたいな。たぶん，いやもうそうですね。ま，ま，それ（送信ボタン）を押す，たぶん，大丈夫だよね，大丈夫だよねってことだと思います。」(D)

文章が冗長「もうちょっと，早くメールを欲しかった上司に対しては，行数多いメールを，返してしまったかなというのと。」(A)

自己への賞賛「えー，なんかすごい無難，普通だと思うけど。すごい，あ，なんていうんだろう，すごい，普通の文章を，よく書けたと思う。」(B)

疲労感「やっぱり疲れますよね，メールって。気使うんで。その，残るんで。記録に残るし。」(D)

Table 6-4
現象とカテゴリーの定義（ステップ４）

現象		カテゴリー名	定義
1．場面設定の掘り下げ	1	参加者の現状との比較	参加者自身の上司や経験，現在の職場との共通点・相違点に関する言及。
	2	場面設定の掘り下げ	調査において場面設定として提示されたもの（Table 6-2）以外の設定に対する書き手の考察・悩み。
	3	受信メールの再読	受信メールを読んだことに関する言及。
2．メールの好ましさの探求	4	メールの好ましさの探求	こういうEメールを目指そうという書き手の気持ち。
	5	異なる関係性との比較	本研究の場面設定以外の状況でのやり取りに関する言及。
	6	メールに関する既有知識	メールを書く際のマナーについての知識や書き手がメールに対して持っているイメージ。
	7	読み手との関係性の維持	参加者に提示した7項目の条件（Table 6-2）の中の「読み手との関係を悪くしたくない」という部分に関する言及。
	8	読み手の反応の予測	読み手（男性上司）がメールを読んだらこう理解・返答するだろうという予測。
	9	受信メールにおける指名	受信メール（Figure 6-1）中にある「鈴木さんなら一思います。」という部分に対する言及。
	10	謝罪	謝罪を述べることに関する言及。
	11	構成要素の重複	同じ単語・文章が繰り返し使われることに関する言及。
	12	個人的な習慣	書き手が作ったルールや，習慣となっている行動。
	13	用件述べ	用件についてメールの冒頭部分で簡単に説明することに関する言及。書かないという選択も含まれる。
	14	特定の表現の不使用	「○○という表現は使わない」という発言。
3．好ましさの程度の検討	15	好ましさの程度の検討	書いたことがどの程度好ましいか検討すること。
	16	納得	書いた文章に対する「問題ない」という評価。
	17	妥協	書いた文章に対する「これでいいや」という評価。
	18	文字化の取りやめ	「書こうと思ったが，なんらかの理由で止めた」というものに関する言及。
	19	不満	書いた文章に対するネガティブな評価。
現象に分類されないカテゴリー	20	パソコンという媒体	パソコンという媒体を使用することに関する言及。
	21	ピアチェック	他者の力を借りていることへの言及。
	22	最終確認	送る前にメールを見直すという行為。
	23	後悔	送ったメールに対する後悔。
	24	満足	送ったメールに対する満足。
	25	疲労感	メールを書いたことに対する疲労感。

第6章　書き手を対象としたメールの好ましさの検討　69

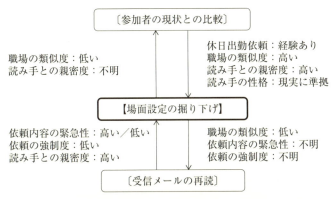

Figure 6-2. 場面設定の掘り下げ現象カテゴリー関連図。矢印はカテゴリー同士の因果関係を表している。線の横の文字列は「プロパティ：ディメンション」であり，カテゴリー同士の関連を表すものである。

リー関連図においては〔参加者の現状との比較〕を起点とし，【場面設定の掘り下げ】に向けた矢印を引いた。他のカテゴリーに対しても同様の考えのもとで因果関係を想定し，図に矢印を引いた。

　他方，参加者Bのように，教示された職場と現実の職場の類似度が低い参加者も存在する。日本語教師であるBは「先生の世界って，全部先生で通じるから」読み手の役職は関係なく，読み手が書き手である自分よりも目上の人物であることだけを意識したという。また，〔受信メールの再読〕を通して，依頼内容の緊急性は高く，強制度は低いと判断したため，読み手との親密度は気にならなかったと述べていた。これにより，〔受信メールの再読〕を起点として【場面設定の掘り下げ】に向けた矢印を引いた。加えて，類似の発言が他の参加者からも見られたことから，〔参加者の現状との比較〕において，本研究の課題と参加者の現状との間に相違がある場合には，〔受信メールの再読〕が【場面設定の掘り下げ】を可能にしていると推測された。

　また，〔受信メールの再読〕には，再読部分の違いも指摘できる。参加者AとBは依頼内容の説明部分を，参加者CとEは特定の部分ではなく全体

を読み返していた。さらに，参加者Dは部分を読み返す場合も全体を読み返す場合もあった。読み返す目的は，依頼内容の確認をするためや，読み手の好む言い回しを考えるため，送信ボタンを押す勇気を得るためと様々であった。このような再読部分の違いと書き手の意識，あるいは，産出された文章の関係については今後の研究課題の一つとしたい。

メールの好ましさの探求現象 【メールの好ましさの探求】現象とは，メール文章の産出方針の決定と，その方針に沿った文章や内容の探求である。インタビューからは，文章の産出方針として，わかりやすく，簡潔で，読みやすいという読み手からのポジティブな評価を目指す傾向と，失礼にならない，または，関係が悪くならないように気をつける，無難に書くなどの読み手からのネガティブな評価を回避する傾向がみられた。これらはすべて，メールの好ましさを高めることを目指した発言と考えられる。したがって，該当する発言をまとめ，【メールの好ましさの探求】と命名した（Figure 6-3）。

書き手が【メールの好ましさの探求】を行う際，目指すメールの根拠となる事柄として，次の五つのカテゴリーが見出された。一つ目は〔異なる関係性との比較〕，二つ目は〔メールに関する既有知識〕，三つ目は〔読み手との関係性の維持〕，四つ目は〔読み手の反応の予測〕，五つ目は〔受信メールにおける指名〕である。

一つ目の〔異なる関係性との比較〕は，本調査で設定した上司という読み手とそれ以外の読み手との比較である。例えば，参加者Cは，読み手が顧客である場合には，わかりやすさだけでなく，敬語や日本語の使い方のマナーなど，言葉遣いにもより配慮すると述べていた。よって，このカテゴリーは失礼さ回避を目指すことにつながると考えられる。

二つ目の〔メールに関する既有知識〕は，メールという媒体を使う際のマナーとして捉えられていることやメールに対するイメージを指す。参加者たちは，職場での研修や過去の経験に則って文章を書いたと述べていた。また，参加者Dは，メールには「気遣いというか，そういう気配りがある」とい

第 6 章　書き手を対象としたメールの好ましさの検討　　71

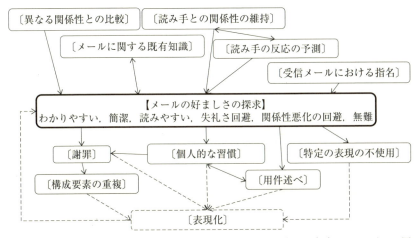

Figure 6-3. メールの好ましさの探求現象カテゴリー関連図。矢印はカテゴリー同士の因果関係を表している。実線はインタビューから得られたもの，点線はインタビューから推測されたものである。このうち，【メールの好ましさの探求】カテゴリーについては，参加者の好ましさの捉え方を明確にするため，ラベルを併記した。なお，煩雑になるため，プロパティとディメンションは省略した。

うイメージがあると述べていた。これは失礼さを回避し，難の無い文章を目指す根拠になる。さらに，これは【メールの好ましさの探求】の理由にもなる一方で，好ましい表現を考える際に参照されるものでもある。したがって，〔メールに関する既有知識〕と【メールの好ましさの探求】の間には，双方向の因果関係を示すために双方向の矢印を引いた。

　三つ目の〔読み手との関係性の維持〕は，メールを書くときの 7 項目の条件のうちの『あなたは，上司との関係を悪くすることは，できるだけ避けたいと思っています。』という項目に言及したカテゴリーである。これは参加者 A のみにみられ，A はこれを理由として，どのように文章を書くかを考えたと述べていた。他の参加者においては，具体的な言及はないものの，読み手への配慮や悪い印象の回避，といった発言がみられたことから，読み手との関係を維持しようとする意識は，複数の参加者にあったと考えられる。

よって，これは一般化されうるカテゴリーであると判断した。

　四つ目の〔読み手の反応の予測〕は，読み手が受け取ったメールに対してどのような反応を示すかについての書き手の予測である。参加者Dは，読み手が話題となっていることを思い出すように，冒頭に内容の概略を書こうと考えたという。また，参加者Eは，読み手が上司であり，用件が断りであるため，読み手がネガティブな印象を受けるような表現を避けようとしていた。したがって，このカテゴリーは【メールの好ましさの探求】に影響する要因であり，メールを書きながら更新されていくものといえる。加えて，〔読み手の反応の予測〕は先述した〔読み手との関係性の維持〕を考えるために必要な観点であり，かつ，〔読み手との関係性の維持〕をするためには相手の反応を予測しなければならない。よって，これらのカテゴリーの間には双方向の矢印を引いた。

　五つ目は〔受信メールにおける指名〕である。調査で用いた受信メールには『鈴木さんなら，安心して仕事を任せることができますし』と，上司が部下に期待を寄せていることを感じさせる文言があった。参加者Aは，この部分から，書き手は読み手から期待をかけられていると感じ，失礼にならないようにするには，相手の期待を汲み取ったことを示す必要があると考えたという。

　上述の五つの要因を受けて，書き手は【メールの好ましさの探求】を行いつつ，メールに書く文章を考えていく。このときの文章産出において，好ましさを高めることは次の五つのカテゴリーに影響を与えていた。

　一つ目は〔謝罪〕である。このカテゴリーは，メールの本文中に謝罪の言葉を書くことを表している。例えば，参加者Cのメールは「〇月〇日（土）に開催される，外部向け無料セミナー手伝いの件です。」と用件を示した直後に，「大変申し訳ございません。」と続けられている。参加者Cは，謝罪が冒頭にあると読み手が断りのメールであると推察が付けやすいと考えたという。加納・梅（2002）によれば，〔謝罪〕は，目上に対する断りで頻出す

る行動であるため，参加者Ｃの推察は現実に即している。よって，これは
わかりやすさを重視していると考えられる。

　二つ目は〔構成要素の重複〕である。参加者Ａは，今回の上司からの依
頼は，内容の緊急性が低く，打診の段階であり，〔謝罪〕すれば断っても失
礼だとはみなされないと考えたという。その上で，参加者Ａは「大変申し
訳ございませんが，○月○日（土）当日はどうしても外せない予定があり出
勤することができません。」，「業務が大変なときにヘルプができず，誠に申
し訳ございません。」，「○日（土）当日，お役に立てませんこと重ねてお詫
び申し上げます。」と〔謝罪〕を繰り返しメールに書いた。この〔構成要素
の重複〕は，参加者Ａに特有のカテゴリーであった。さらに，重複してい
る要素が〔謝罪〕のみであったため，カテゴリー関連図では，これらの間に
のみ矢印を引いている。〔謝罪〕は，断りという行為の中で人間関係への配
慮を表す工夫である（李，2010）。参加者Ａは，これを繰り返し書くことで，
断ることの申し訳なさが相手により伝わると考えていた。

　三つ目のカテゴリーは，〔個人的な習慣〕である。これは全員にみられた
カテゴリーであり，その内容は，情報の精査と日付の明示，改行，素早い返
信，表現の検索，定型表現の選択の６種類である。これらの習慣のうち，情
報の精査と日付の明示は，わかりやすさや簡潔さを目指す場合にみられた。
参加者Ｂは，「次会ったときに，いや，実は何とかでって言うかもしれない」
ことを理由に，メールでは「その日は公休日で，病院の予約を入れてしまっ
たため，セミナーに参加するのが難しい状況です。」と要点のみを書いてい
た。また，参加者Ａは誤解を避けるために「○月○日（土）」と日付を明記
すると述べていた。次に，改行は，読みやすさとわかりやすさを目指す行動
であった。改行を行い，かつ，適所で行を空けることで，主観的理解度は向
上する（島田・平野，2016）。参加者たちは，この性質を用いて，内容が変わ
るところで行を空けていた。例えば，参加者Ｄは「スケジュールの変更も
難しく，ご期待にお応えできず申し訳ありません。」と断る表現を書いた後

に，一行空けてから，「今回のセミナーの前日までの準備で何かお手伝いできることはございますでしょうか？」と代案を提示していた。

　以上は，読み手からのポジティブな評価を目指すという観点から行われていた行動である。一方で，これら以外の行動は，読み手からネガティブに評価されることを避けるために行われていた。参加者Bは，たとえ上司がせっかちであっても，短時間のうちに返信すれば，失礼に当たらないと考えた。他に参加者CやDも，日ごろから短い時間で書き終え，すぐに返信することを心がけていると述べていた。また，失礼さを回避する，あるいは，日本語の文章として問題がないことを重視する場合には，検索エンジンを使用した言語表現の検索が行われる。参加者Cは，本調査の際は行わなかったが，場合によっては時間をかけて言語表現を調べることがあると述べていた。この他に顕著にみられたのは，定型表現の選択である。これは参加者全員が言及していた。文章構成の定型としては，2種類のものがみられた。一方は，冒頭に相手の名前を書き，名乗り，挨拶，用件の順に書くというメールという媒体における文章構成，もう一方は，謝罪を述べてから理由や代案を述べるという親しい目上に対する断りの形式（加納・梅，2002）である。特に謝罪や代案の提示は，断りが二者間へ与える影響が高いと考えられる場面でみられる方略である（井邑・松田・深田・樋口，2011）。したがって，このような定型の選択は，失礼さの回避をより重視していると推察された。他方，言語表現としては，「お世話になっております」や「お手数をおかけしますが」などが定型表現として言及されていた。さらに，断りの理由の述べ方は，公休日であることを示す，上司が使っていた文面を模倣するなど，職場での日常的なやり取りを参考にした参加者が多かった。

　【メールの好ましさの探求】が影響を与えたカテゴリーの四つ目は，〔用件述べ〕である。完成したメールを見ると，参加者のうち，E以外の四人は，読み手の理解を促進するために，メールの冒頭で「外部向け無料セミナー手伝いの件です」という形式で，どのような話題についてのメールであるかを

明記していた。他方、参加者Eは「申し訳ございません。その日は既に予定が入っており、今から変更することはできない状況です。」という結論から書いていた。これについてEは、読み手である上司を率直な意思疎通ができる相手であると感じたため、結論から先に書いたと述べていた。これらのことから、〔用件述べ〕を書くことも書かないことも、わかりやすさや簡潔さを追求した結果であると推察された。また、メールを書くときには用件の概要を書くものだと考えていた参加者の存在と、「○○の件です」という同じ表現を複数の参加者が使用していることから、〔個人的な習慣〕と互いに関係するカテゴリーともいえるだろう。

　五つ目のカテゴリーは、〔特定の表現の不使用〕である。これは失礼さや関係性の悪化を回避することを目的としていた。例えば、自分に対して影響力のある相手の頼みを断る場合には、そうでない場合と比べて、明確な断りの意思を示すことは控えられる（井邑・深田・樋口, 2010）。実際に、参加者Eは断る際に「直接的な表現」を避けるのは「常識的なもの」と述べ、予定が変更できないと書くことで、出勤できないと伝えようとしたという。他にも、参加者Cは実際の上司が特定の言語表現を好まないことを挙げ、「マイナスになっちゃうとそれで困るなと思って」それは使用しなかったと述べていた。

　このように、参加者たちは読み手との関係性やそれまでのコミュニケーションの知識をもとに、読み手からのポジティブな評価の獲得とネガティブな評価の回避を同時に目指していた。加えて、それを達成するために、内容の伝え方や用いる言語表現に注意を向けていた。ここから、メールを研究対象とする場合には、読み手からよりポジティブな評価を得る方法だけでなく、読み手からのネガティブな評価を回避する方法も検討していく必要があると示唆された。

　また、【メールの好ましさの探求】から影響を受けた五つのカテゴリーは、さらに〔表現化〕というカテゴリーと相互に関係していると推察される。〔表現化〕とは、文字として表出する前に、書こうと考えている内容を具体

的な言語表現に変換することを指す。本調査では，〔表現化〕に対する具体的な言及はみられなかった。しかし，文章産出には，心的表象を具体化する過程が存在する（山川・藤木, 2014）。すなわち，メールを書く場合にも〔表現化〕は必要不可欠な過程であるため，カテゴリー関連図ではこれを推察されたカテゴリーとして記載した。

好ましさの程度の検討現象　【好ましさの程度の検討】現象とは，書こうとしている言語表現，あるいは，書いた後の言語表現に対する調整を表す。カテゴリー同士の因果関係や文章産出の過程をふまえると，【好ましさの程度の検討】は〔表現化〕された言語表現を実際に表記するか否かの検討であると推察される。本調査では，【好ましさの程度の検討】を行った結果として，〔納得〕と〔妥協〕，〔文字化の取りやめ〕，〔不満〕という四つのカテゴリーがみられた（Figure 6-4）。

はじめに，〔表現化〕によって言語表現として具体化された内容は，文字として表出される前に，文字として書く必要性や使用する表現の適切さ，その内容を配置する場所，書く分量などの検討が行われる。これが【好ましさの程度の検討】である。

検討の結果，言語表現の選択や文章構成に問題がないと書き手が考えた場

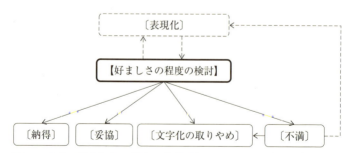

Figure 6-4. 好ましさの程度の検討現象カテゴリー関連図。矢印はカテゴリー同士の因果関係を表している。実線はインタビューから得られたもの，点線はインタビューから推測されたものである。なお，煩雑になるため，プロパティとディメンションは省略した。

合に〔納得〕というカテゴリーがみられた。例えば，参加者Eは出勤を断る表現に悩み，最終的に「その日は既に予定が入っており，今から変更することはできない状況です。」という言語表現を採用した。Eによれば，これによって間接的に「仕事に行けませんよ，というのは，伝わるかな」と考えたという。

　一方，言語表現の選択や配置に〔納得〕できない場合には〔妥協〕と〔文字化の取りやめ〕，〔不満〕がみられた。一つ目の〔妥協〕は，修正の必要性を感じながらも，他に代替案が思い浮かばず，最終的に候補として考えた言語表現や文章構成を採用することである。参加者Aは，失礼さ回避のために繰り返した「申し訳ありません」という言語表現を修正すべきか検討したという。しかし，「どうかなって思いながらも，そこ（謝罪の重複）は読み返してまあいいかなと思って，送信ボタンを押しました」と述べており，メールにも修正はみられなかった。

　次に，〔文字化の取りやめ〕は，ある内容や表現に対して代替案が思い浮かばない場合に文字としての表出を諦めることである。これは参加者A・B・Eの三人にみられたカテゴリーであった。参加者Eは，受信メールにあった『鈴木さんなら，安心して仕事を任せることができますし』という部分に対する返答を書こうと考えた。しかし，〔納得〕できる言語表現が思い浮かばず，「結局しなかったんですけどね」と〔文字化の取りやめ〕を選んだと述べていた。メールを書いている際に撮影した動画でも，指名されたことに対する反応と考えられる表現が一度も文字として産出されていなかったことから，参加者Eはアイデアを文字化せずに検討していたと考えられる。同様の発言は参加者AとBにもみられ，〔文字化の取りやめ〕に分類された15の切片のうち八つが文字化を伴わずに表現を検討していた。また，参加者の発言を概観すると，表記の必要性が低い場合，あるいは，表記の必要性が高い場合でも，言語表現の思いつきやすさや日本語の自然さが低ければ，〔文字化の取りやめ〕を選択していたようであった。

最後に，〔不満〕は，書こうと考えた，あるいは，書いた事柄に対するネガティブな評価や不足への気づきである。例えば，参加者 B は，上司が連絡をくれたことと声をかけてくれたことの双方に対して「ありがとうございます」と書こうと考えたという。しかし，同じ表現が二回続いてしまうことに対して「なんか重なっちゃってちょっと気持ち悪いな」と思い，「連絡ありがとうございます」は書かないことにしたと述べていた。また，参加者 D は，予定が変更できないと書くのを忘れていたと気づき，どのように書くかという具体的な言語表現を考え始めたという。これらの事例から〔不満〕は，〔文字化の取りやめ〕や〔表現化〕に影響を与えていたと考えられた。

三つの現象の関連　以上のように，メールを書く際には，三つの現象がみられることが明らかになった。これに加え，参加者の回答からは，これら三つの現象には関連があることが示唆された（Figure 6-5）。

参加者たちは，はじめに，提示された 7 項目の条件や受信メールをもとに【場面設定の掘り下げ】を行い，メールの読み手やメールをやり取りする状況について理解していた。次に，理解した状況に則するように，メールの産出方針を決め，それに合わせた工夫を考える。これが【メールの好ましさの探求】である。その後，書こうと考えた内容を〔表現化〕し，それに対して【好ましさの程度の検討】を行う。検討の結果に〔納得〕できた場合には，次の内容や表現を書くために再び【メールの好ましさの探求】や〔表現化〕を行う。このような思考の循環は，最終的にすべての表現に対して〔納得〕や〔妥協〕，あるいは，〔文字化の取りやめ〕を選択するまで行われていた。一方で，【好ましさの程度の検討】の結果として〔不満〕がある場合には，内容や表現について再度【好ましさの程度の検討】や〔表現化〕の段階に戻り，他の案を模索していた。また，ときには【メールの好ましさの探求】まで戻って産出方針を修正していた。すなわち，文章の産出プロセスは，一方向的に進むものではなく，各現象の間を行きつ戻りつしていることが示唆された。

第6章 書き手を対象としたメールの好ましさの検討　79

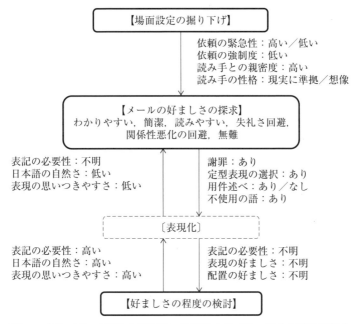

Figure 6-5. 三つの現象の関連図。矢印はカテゴリー同士の因果関係を表している。実線はインタビューから得られたもの，点線はインタビューから推測されたものである。線の横の文字列は「プロパティ：ディメンション」であり，カテゴリー同士の関連を表すものである。

その他のカテゴリー　インタビューから得られたカテゴリーには，ここまでで検討した現象に含まれないものが六つ存在した。これらは，その内容から，文章産出における書き手の調整や評価には，直接的には関わらないカテゴリーであると考えられた。

　一つ目は〔パソコンという媒体〕で，参加者ごとに述べられた内容が異なっていた。参加者A・B・Eは，書いている最中に操作を間違えたこと，参加者Cは，会社で使用するメールソフトについて語っていた。

　二つ目の〔ピアチェック〕は，参加者Bのみにみられたカテゴリーである。参加者Bは，日常生活での習慣として，同僚に文面を添削してもらってか

らメールを送信していることを述べていた。

三つ目の〔最終確認〕は，誤字脱字の有無の確認や宛て先の確認などのためにメールを読み直すことを指す。どの参加者も，送信ボタンを押す前に間違いがないかを確認していたと述べていた。参加者たちが「一応」や「確認」と発言していたことから，このときには，誤字脱字や産出内容の間違いがあると困ると考える一方で，ないことを前提としていたと推察される。実際に，〔最終確認〕をした後には文章を修正した様子がみられなかったため，上述した三つの現象には含まれないものと判断した。

この他に，送信後の書き手の感情として，〔後悔〕と〔満足〕，〔疲労感〕がみられた。例えば，参加者 A はインタビュー時に，送信したメールを改めて読み，「文章を飾りすぎた」や「長過ぎる」と〔後悔〕したという発言がみられた。参加者 B は，インタビュー時の感情として，部分的には〔妥協〕した箇所があるものの，全体としては「すごい，普通の文章を，よく書けたと思う」と〔満足〕していると述べていた。また，〔疲労感〕は参加者 D のみにみられたカテゴリーであった。参加者 D は，メール文章が記録として残ることを挙げ，「やっぱり疲れますよね，メールって」と語っていた。

文章産出プロセスモデルの適用　第 2 章で述べたように，本研究においては，文章産出プロセスモデルとして，山川・藤木 (2015) の心的表象の構築展開過程モデルを援用する。このモデルでは，書き手が自ら産出した文章やメモなどの外的表象を通して理解過程と産出過程が循環すると考えられている。本研究の参加者においては，PC の画面上に表出されたメール文章が外的表象に該当する。しかし，本研究の参加者の言動からは，考え付いた内容や表現について，画面への入力やメモの作成といった文字化を伴わずに好ましさを検討する様子も観察された。すなわち，外的表象を媒介する循環だけでなく，産出過程のミクロテキストベースが外的表象を媒介せずに理解過程に移行し，状況モデルが更新され，それに合わせた産出が行われるという循環の存在が考えられる (Figure 6-6)。このような外的表象として産出されな

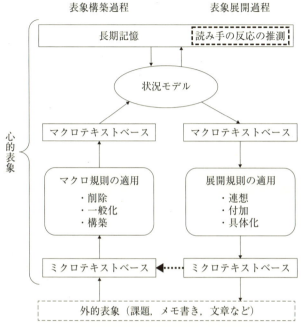

Figure 6-6. 修正後の心的表象の構築展開プロセスモデル。表象展開過程のミクロテキストベースから表象構築過程のミクロテキストベースへ引かれた矢印と，長期記憶における読み手の反応の推測が今回の調査から推察された部分である。

いミクロテキストベースの存在は山川・藤木 (2014) でも可能性が示唆されており，本研究の結果はその可能性を支持するものであった。ただし，本研究では考える時間と書き時間を分けるような操作を行っていないため，この可能性については今後も検討が求められる。

また，本研究では，参加者は，人間関係の継続を維持するために，読み手の理解度や感情などの反応を推測して表現を調整していることも明らかになった。山川・藤木 (2015) においては，円滑に文章産出を進めるには，書き手に対し，読み手をより具体的に想像できるような情報を与えることが重要であると提案されていた。しかし，それを書き手がどのように活用している

かには言及していなかった。本研究でも，書き手による読み手に関する詳細な推測過程は明らかにしていないが，読み手の反応の推測の存在とそれによる産出への影響は明らかになった。実際，大浦・安永（2007）は，読み手との今後の関係の継続性が示された場合には，相手に対する言葉かけが出現しやすいことを示している。つまり，書き手は読み手の理解や感情などの反応に対する推測をもとにして表現を調整しているといえる。

　このように，本研究の知見は，これまでの文章産出過程モデルに新たな情報の流れを加え，産出された文章には書き手の推測が影響していることを示した。私達は，日常的に文章を書く際，メモなどを取らずに書くことも多く，かつ，相手の反応を想像しながら書いているだろう。つまり，本研究の結果より，これまでの文章産出過程モデルの生態学的妥当性を高められたといえる。加えて，やり取りを行う文章においても今までの文章産出過程モデルが適用できることを示した。

　方法の妥当性　本研究においてはメールを産出した後にインタビューを行い，そのスクリプトに対してGTAを用いて分析した。産出後に映像を見せながら参加者のインタビューを行ったことで，書き手が無意識のうちに目指していたメールの理想形や行っている慣習などを聞き出すことが可能となった。参加者の発言は必ずしも産出時の時系列順ではなく，どの時点での話であるかを随時確認できたこともインタビューを用いた利点である。さらに，GTAを分析方法として用いることで，各カテゴリーや各現象同士の関係性も図示することができ，既存の文章産出過程モデルに対して新たな提案も可能になった。ここから，GTAは今後の文章産出研究においても有用な分析手法であると考えられる。

第2節　本章のまとめ

　第5章の結果から，やり取りを前提とした文章において得られる知見は，それを考慮しない文章で得られた知見とは異なることが示された。そこで，

第6章 書き手を対象としたメールの好ましさの検討　83

本章では，書き手に焦点を当て，社会人がメールを書く際に気をつけている
ことを探索的に検討した．1年以上の勤務経験があり，仕事上で上司とメー
ルでやり取りを行っている社会人5名を対象に，今後も人間関係が継続する
上司に対して，断りのメールを書かせた．その後，書いているときに注意を
向けていた点について面接調査を行い，その発言についてGTAを用いた分
析を行った．

　分析の結果として得られた25のカテゴリーのうち，19カテゴリーは次の三
つの現象に分類された．一つ目の【場面設定の掘り下げ】現象は，与えられ
た情報による既有知識の喚起と，それらをもとにした場面や読み手に対する
書き手による推測，その推測の精度を高めるためのメールの再読によって構
成されている．二つ目の【メールの好ましさの探求】現象には，わかりやす
いなどのポジティブな評価の獲得や，失礼であるなどのネガティブな評価の
回避といった二つの方向の工夫が含まれている．三つ目の【好ましさの程度
の検討】現象は，自分が産出する表現に対する評価と採否の判断によって構
成されている．つまり，参加者は，課題内容を理解して【場面設定の掘り下
げ】を行った後に，【メールの好ましさの探求】を通して何をどのように書
くかを決め，書こうとしたものについて【好ましさの程度の検討】を行って
いた．これらの現象の関係から，書き手は各現象の間を行きつ戻りつしなが
ら文章を産出しているといえる．

　また，外的表象を通さない修正がみられたことから，山川・藤木（2015）
で示された心的表象の構築展開過程モデルにおいて，外的表象を媒介しない
循環が存在する可能性を指摘した．さらに，参加者は，読み手との関係性を
維持するために，読み手の反応や理解を予測しながら文章を書いていた．よ
って，読み手に対する推測が産出されるメールに影響を与えることも明らか
になった．これらのことから，文章産出プロセスモデルの生態学的妥当性を
高めることができた．

　第5章と第6章を通し，読み手も書き手も，読み手からのネガティブな評

価を回避することを求め，目指していることが指摘できる。これはやり取り
を考慮しない文章を対象とした研究ではみられなかった視点である。加えて，
どちらの立場においても，読み手が求める情報，あるいは，書き手が伝えた
い情報が網羅されている場合には，表現により注意が集まることが明らかに
なった。次章では，面接データとして得られたこれらの結果を元に，より量
的な手法を用いて，メールの好ましさを構成する要因について検討する。

第7章 メールの好ましさを構成する要因

第5章と第6章では，面接法を用いて，公的なメールに対する読み手の評価や書き手の注意点などを明らかにした。しかし，これらの方法では調査の人数に限りがある。よって，結果を一般化するため，量的な調査を通してメールにおける好ましさを検討する。なお，一人の人間は読み手にも書き手にもなりうることを考慮して，一人の参加者に対して読み手と書き手の双方の立場について回答を求め，読み手としての評価と書き手としての注意事項に関係があるかについても検討する。

第1節　PC・スマホを利用したメールにおける好ましさ（調査3）[5]

目的

第2節で質問紙調査を行うことをふまえ，本節では，その項目選定のための自由記述調査を行う。自由記述の結果は質問項目として用いるため，1主部＋1述部で構成されるアイデアユニット（以下，IU）（邑本，1992）に分割する。その上で，KJ法（川喜田，1967）を用いて分類する。データをIUに分けて分析することで，第2節以降で行う調査において質問項目を作成しやすくなるだろう。また，KJ法を用いて分類することで，好ましさを構造化することができ，かつ，質問項目を作成する際に内容的妥当性を高めるための指標の一つにできると考えられる。

なお，メールを使用したコミュニケーションでは，PCやスマートフォン・携帯電話（以下，両者を合わせて「スマホ」）など複数の媒体が使用される。

5）　本節は「菊池 理紗（2017）．好ましいEメールの判断基準に関する一考察——自由記述を用いた検討—— 待遇コミュニケーション学会2017年度秋季大会」と「菊池 理紗（2018）．読み手や書き手はEメールに何を求めるのか？ 法政大学大学院紀要，80，99-109．」を加筆・修正した。

同じ文章であっても，読むときに使用する媒体が異なる場合，文章に抱く印象は異なる（國田，2015）。また，大学生は入力方法の手軽さから，スマホを好んで使用する（長澤，2017）。これらをふまえ，本調査では，PCを使う場合とスマホを使う場合のそれぞれについて質問を行い，媒体の違いと好ましさの関係についても探索的に検討する。

方法

参加者　22歳4ヵ月－30歳7ヵ月の大学院生16名（男女各8名）が調査に参加した。参加者は口頭と書面で調査内容の説明を受け，同意書に署名した。調査の内容および手続きについては，あらかじめ法政大学文学部心理学科・心理学専攻倫理委員会の了承を得ていた（平成29年6月21日，承認番号：17-0015）。

質問紙　PCやスマホの利用頻度に関する質問紙1種類と，自由記述形式の質問紙2種類の計3種類作成した（Appendix 7-1）。媒体の利用に関しては，はじめに，スマホを所持しているかを尋ねた。次に，PCやスマホについて，メールを読む場合と書く場合にその媒体を使う頻度を「1：全くない－4：よくある」の4件法で回答させた。

　一方，自由記述では，読み手となった場合に，メールを好ましい，あるいは，そうでないと判断する基準と，書き手となった場合に気を付けていることを回答させた。これらの質問については，PCを使用する場合とスマホを使用する場合を分けて尋ねた。

手続き　参加者には，電子データ化した質問紙をメールで送付し，回答を求めた。媒体の利用頻度は4件法での回答を，読む場合の好ましさの基準と書く場合の気を付けていることについては箇条書きでの記述を求めた。順序効果を相殺するため，質問紙における参加者の立場と媒体の提示順序はカウンターバランスを取った。回答後は，記入した質問紙の電子データをメールに添付して調査者に提出させた。

結果と考察

　本調査の目的は，読み手，あるいは，書き手がメールの好ましさを評価する際の基準の探索的な検討と，次節で行う調査で用いる質問項目を作成することであった。その際，媒体の違いと好ましさの関係についても検討するため，はじめに，メールを使用する場面で用いる媒体について，共通点と相違点を検討し，次に，読み手と書き手のそれぞれの立場において，好ましさを構成する要素を検討する。なお，参加者全員がスマホを所持していたため，すべての回答が分析の対象となった。

　媒体による共通点と相違点　PC やスマホの使用頻度に対する 4 件法での質問について，立場（読み手・書き手）×媒体（PC・スマホ）の 2 要因参加者内分散分析を行った（Table 7-1）。その結果，Figure 7-1 に示すように，立場と媒体の交互作用が有意であった（$F(1,15) = 20.94, p < .001$）。そこで，下位検定を行ったところ，書く場合よりも読む場合にスマホが多く使われていた（$F(1,15) = 16.30, p < .001$）。また，書く場合には，スマホよりも PC が多く使われていた（$F(1,15) = 5.79, p < .01$）。したがって，スマホはメールを読むときにより使われやすいといえる。加えて，メールを書く場合には，スマホよりも PC が使われることが明らかになった。これらのことから，媒体によって用途に差があると推察された。

　次に，自由記述で得られた箇条書きを，邑本（1992）の基準を参考に，それぞれ IU に分割した。IU とは，1 主部 + 1 述部を基本とした文章の分析

Table 7-1
媒体の使用頻度

媒体	読み		書き	
	M	SD	M	SD
PC	3.6	0.79	3.7	0.68
スマホ	3.8	0.43	2.8	1.01

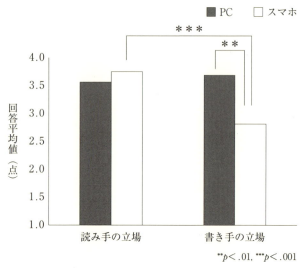

Figure 7-1. 媒体使用頻度の平均値。

単位である。読み手の立場に対する質問では，PCとスマホの双方に共通する内容のIU数が76，PCのみでみられたIU数が13，スマホのみでみられたIU数が11であった。他方，書き手の立場に対する質問では，PCとスマホの双方に共通していたIU数が131，PCのみでみられたIU数が64，スマホのみでみられたIU数が16であった（Table 7-2）。すなわち，媒体によってIU数は異なる一方で，内容はPCとスマホで共通していた。

　頻度と同様に，立場と媒体を要因として2要因の参加者内分散分析を行った結果，Figure 7-2のように，立場の主効果のみが有意であった（$F(1,15) = 10.67, p < .01$）。書き手の立場でのIUの数が，読み手の立場でのIUの数よりも有意に多かったことから，公的なメールをやりとりする場面においては，書き手になったときの方がより多くのことに注意を向けていると推察された。すなわち，書き手は，好ましいメールを書くためには，読むときよりも多くのことに注意を向けるべきだと考えているといえる。したがって，本研究が

第7章　メールの好ましさを構成する要因　89

Table 7-2
各立場と媒体に対する IU の数

	読み手		書き手	
媒体	PC	スマホ	PC	スマホ
IU 総数	89	87	195	147
片方の媒体のみの IU の数	13	11	64	16
一人あたりの IU の数 (M)	5.56	5.44	12.19	9.25
SD	3.04	2.83	5.58	6.24

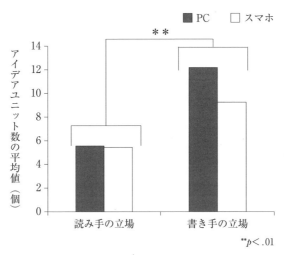

$**p<.01$

Figure 7-2. IU 数の平均個数。

書き手に焦点を当てることは妥当であるだろう。他方，第5章にて，ネガティブな評価を行う際に具体的な言及が行われたことから，読み手は，評価の際に，本調査の結果として得られた要素を満たしているかに注意を向けている可能性が考えられた。

　以上より，使用頻度で媒体による違いがみられたのとは対照的に，IU の数では媒体の主効果や交互作用が有意ではなく，回答の内容も共通するもの

が多いと示された。よって，今後は PC 使用時とスマホ使用時を統合して分析する。なお，自由記述の回答の中に「スマホは使用しない」といった媒体の使い分けに関する記述も存在したため，統合しても使用頻度に関する媒体の特徴は分析結果として反映されると判断した。

これにより，読み手の立場に対する回答は，双方の媒体に共通する76のIU に PC のみでみられた13の IU とスマホのみでみられた11の IU を加えた100の IU が分析対象となった。また，書き手の立場に対する回答は，双方の媒体で共通する131の IU に，PC のみでみられた64の IU とスマホのみでみられた16の IU を加えた211の IU が分析対象となった。

好ましさを構成する要素：読み手の立場　はじめに，読み手の立場での回答の分析を行った。得られた100の IU を，本研究の目的を伝えていない心理学科所属の学生 2 名と筆者の計 3 名で KJ 法（川喜田，1967）の分類手順を用いて分類した。質問紙調査においては，その内容的妥当性を高めるために，尋ねたい事柄について満遍なく項目を用意しなくてはならない。KJ 法は分類法の一種であるため，これを用いてメールの好ましさを構成する要素を分類することで，第 2 節において質問項目を作成する際に本調査の結果が利用しやすくなると考えた。分類の結果，【メール全般における好ましさを構成する要素】，【特別な場合における好ましさを構成する要素】，【公的なメールをもらうことに対する気持ち】という三つの大きなカテゴリーが抽出された（Table 7-3）。以下，本文中においては，大カテゴリーは【　】，中カテゴリーは〔　〕，小カテゴリーは" "で表す。

【メール全般における好ましさを構成する要素】には，〔必須項目〕，〔悪い印象を与えない要素〕，〔良い印象を与える要素〕という三つの中カテゴリーが存在した。

まず，〔必須項目〕という中カテゴリーは，メールとしての"必須項目を網羅している"と好ましいと感じられることを示している。網羅している項目とは，書き手の情報（名前と所属，メールアドレス）や件名，宛名，挨拶，

Table 7-3
読み手の立場において得られたカテゴリー

大カテゴリー	中カテゴリー	小カテゴリー
メール全般における好ましさを構成する要素	必須項目	必須項目を網羅している（31）
	悪い印象を与えない要素	文章が長過ぎない（5）
		日本語を正しく使っている（3）
		内容が選別されている（3）
	良い印象を与える要素	わかりやすい（16）
		見た目がきれいである（11）
		読み手への配慮がある（3）
		お互いの立場を尊重している（1）
特別な場合における好ましさを構成する要素	返信メールの場合	以前のやり取りをふまえている（3）
		返信までの時間が短い（1）
	添付ファイルがある場合	添付ファイルのことが本文に書かれている（3）
		添付ファイルが開ける（1）
	返信が求められる場合	期限が書かれている（3）
		指示が書かれている（2）
	告知の場合	必要情報が網羅されている（6）
	学会開催通知の場合	開催地情報が冒頭に書いてある（1）
公的なメールに対する気持ち	目上の人からのメール	悪印象を持たない（1）
		くれるだけでありがたい（1）
		返事がなくても気にならない（1）
	学会からのメール	活発な学会だという印象を受ける（1）
		くれることが丁寧だと感じた（1）
		事務局の人が大変だ（1）
その他	学会の事務局は機能していない印象がある（1）	

注) ( ) は，該当する IU の数を表している。

Table 7-4
"必須項目を網羅している"に含まれる IU の内訳

小カテゴリーの下位項目	IU
書き手の情報がわかる（13）	書き手の氏名が書かれている（7） 書き手の所属が書かれている（3） 返信用のアドレスが書かれている（1） 書名が正確である（1） Gmail の名前設定が本名である（1）
内容のわかる件名を書く（7）	件名が書かれている（3） 件名から内容がわかる（4）
適切な宛名を書く（5）	宛名が書いてある（2） 宛名が正確に書かれている（3）
挨拶が書かれている（3）	
用件の簡単な説明が書かれている（3）	

注）（ ）は，該当する IU の数を表している。

用件の概要である（Table 7-4）。これらの項目は複数の参加者から挙げられていたことから，メールに必要な項目だと認識されているといえるだろう。

　次に，〔悪い印象を与えない要素〕という中カテゴリーには，"文章が長過ぎない"と"日本語を正しく使っている"，"内容が選別されている"という三つの小カテゴリーが存在する。"文章が長過ぎない"にはメールの本文全体が長過ぎないことが，"日本語を正しく使っている"には敬語の正しい使用が分類されている。また，"内容が選別されている"には，広告や絵文字などの用件に関わらないものが含まれていないことと，口頭で伝えた方がわかりやすい内容についてはメールでは書かないことが含まれた。

　三番目の〔良い印象を与える要素〕という中カテゴリーには，"わかりやすい"と"見た目がきれいである"，"読み手への配慮がある"，"お互いの立場を尊重している"という四つの小カテゴリーが存在する。"わかりやすい"には，重要な部分の色やフォントを変えて目立たせることや難しい表現が使

われていないこと，内容が理解できること，文章が簡潔であることが分類された。"見た目がきれいである"には適切な改行の必要性が，"読み手への配慮がある"には読み手への配慮を示す言葉を用いることや文章の構成を工夫することが分類された。加えて，"お互いの立場を尊重している"からは，教員や上司といった社会的勢力（social power）がより強いと設定された書き手が，より弱い立場である読み手を尊重していると，好ましいと感じられることが示された。

　二つ目の大カテゴリーである【特別な場合における好ましさを構成する要素】には，〔返信メールの場合〕と〔添付ファイルがある場合〕，〔返信が求められる場合〕，〔告知の場合〕，〔学会開催お知らせの場合〕の五つの中カテゴリーが存在した。

　まず，〔返信メールの場合〕という中カテゴリーには，"以前のやり取りをふまえている"と"返信までの時間が短い"という小カテゴリーが存在する。"以前のやり取りをふまえている"とは，アプリケーションの機能によって自動引用された受信メールの履歴が消されていないことや，それまでの文脈に則した内容が書かれていることを指していた。返信は，そのメールが送られる以前に既にやり取りが行われていることを暗に含むため，このようなIUがみられたと推察された。

　次に，〔添付ファイルがある場合〕には，"添付ファイルのことが本文に書かれている"と"添付ファイルが開ける"の二つの小カテゴリーがみられた。このうち，"添付ファイルのことが本文に書かれている"は複数の参加者から挙げられたものであった。ここから，添付ファイルの有無も読み手に伝えられるべき情報であると推察された。また，"添付ファイルが開ける"とは，添付ファイルが破損せず，どのようなPCであっても問題なく開けることができることを指していた。

　三つ目の〔返信が求められる場合〕には，"返信期限が書かれている"と"指示が書かれている"の二つの小カテゴリーが存在する。この場合の"指

94

示"とは，返信の形式のことである。いつまでにどのような形で返信をして欲しいかが明記されていることが，好ましさにつながると考えられる。

四つ目の〔告知の場合〕には，"必要情報が網羅されている"が小カテゴリーとして存在する。必要情報とは，日時と場所，告知の内容，金銭の支払い，提出物，手続きの締め切りであった。加えて，告知の一つである〔学会開催お知らせの場合〕は五つ目の中カテゴリーとして分けられた。こちらでは"開催地情報が冒頭に書いてある"ことが挙げられていた。これらのことから，メールの目的がお知らせである場合には，読み手の知りたい情報が書かれていることが重要だと考えられているといえる。

大カテゴリーの三つ目である【公的なメールに対する気持ち】では，〔目上の人からのメールである場合〕と，〔学会からのメールである場合〕の二つが中カテゴリーとして存在した。目上の人からのメールには，"悪印象をもたない"や"くれるだけでありがたい"，"返信がなくても気にならない"という回答がみられた。一方，学会からのメールには，メールを受け取った場合に"活発な学会だという印象を受ける"や"くれることが丁寧だと感じた"，"事務局の人が大変だ"という回答がみられた。これらは参加者が過去のメールのやり取りから感じたことである。この結果から，過去の経験がその後のメールに対する評価に影響する可能性が示唆された。

最後に，Table 7-3でその他に分類している「学会の事務局は機能していない印象がある」という IU は，どこのカテゴリーにも属さなかった。これは書き手そのものに対する印象であり，本研究における場面設定が，公的なメールをやり取りする場面であったことに起因する IU であると考えられる。また，【公的なメールに対する気持ち】やその他において学会からのメールについて取り立てて言及されているのは，参加者が大学院生であったためであると推察された。

好ましさを構成する要素：書き手の立場　次に，書き手の立場での回答の分析を行う。得られた211の IU について，読み手の立場のときと同様に，

第7章　メールの好ましさを構成する要因　95

学生2名に筆者を加えた計3名でKJ法の分類手順を用いた分類を行った。分類の結果，【メール全般における好ましさを構成する要素】，【特別な場合における好ましさを構成する要素】，【媒体の使い分け】という三つの大きなカテゴリーが抽出された（Table 7-5）。

　【メール全般における好ましさを構成する要素】には，〔必須項目〕，〔悪い印象を与えない要素〕，〔良い印象を与える要素〕という三つの中カテゴリーが存在した。

　〔必須項目〕という中カテゴリーには，"必須項目を網羅している"と"送信時に注意する"の二つが存在する。網羅している項目とは，書き手の情報（名前と所属，連絡先，身分）や件名，宛名，挨拶，書き手の状況，用件の概要である（Table 7-6）。これらは読み手の立場での回答と同様，複数の参加者から挙げられていた。加えて，書き手の情報や件名，宛名，挨拶など読み手と共通していた下位項目も多かった。したがって，読み手と書き手にとってメールに必要な項目は共通しているといえるだろう。また，"送信時に注意する"ことには，送信先を間違えないことや送信前に全体を見直すこと，メールが完成してもすぐには送らないこと，途中送信を防ぐことが含まれていた。ここから，書き手は送るという行為自体にも注意を払っているといえる。

　〔悪い印象を与えない要素〕という中カテゴリーには，"日本語として自然である"と"文章が長過ぎない"，"特殊文字を使わない"，"情報が正確である"という四つの小カテゴリーが存在した。中でも"日本語として自然である"という小カテゴリーには，読み手の立場のときと同様に日本語を正しく使うことが含まれていた。日本語を正しく使うことは，全体的な言葉遣いに問題がないことや敬語を正しく使うことを指している。書き手の立場での回答では，日本語を正しく使うことに加え，誤字脱字がないことと同じ文末表現を繰り返さないことなどが"自然である"としてまとめられた。二つ目の"文章が長過ぎない"には，全体の長さの他に，一段落に含まれる文の量も多過ぎないことが含まれていた。三つ目の"特殊文字を使わない"は，感嘆

Table 7-5
書き手の立場において得られたカテゴリー

大カテゴリー	中カテゴリー	小カテゴリー
メール全般における好ましさを構成する要素	必須項目	必須項目を網羅している（75） 送信時に注意する（9）
	悪い印象を与えない要素	日本語として自然である（24） 文章が長過ぎない（5） 特殊文字を使わない（3） 情報が正確である（2）
	良い印象を与える要素	わかりやすい（14） 丁寧な文章を書く（10） 読み手への配慮を示す工夫をする（12） 見た目がきれいである（9） 文面が読みやすい（4）
特別な場合における好ましさを構成する要素	返信メールの場合	読んだら早く返信する（3） 返信時の件名を工夫する（3） 読み手に安心を与える（1） 同じテンションのメールを打つ（1） 送られてきた内容に適切に応える（1） もとの文章は消さない（1）
	添付ファイルがある場合	添付ファイルのことを本文に書く（4） 添付ファイル名を工夫する（2）
	読み手に求めることがある場合	返信について求めることを明記する（5） して欲しいことを明記する（3）
	用件が複数ある場合	件数を述べる（3） 箇条書きにする（2） 用件に数字を振る（2）
媒体の使い分け		スマホは使用しない（7）
		文章の長さによって使い分ける（4）
その他	BCC に自分のアドレスを入力する（1） 挨拶を書かない（1）	

注）（ ）は，該当する IU の数を表している。

第 7 章　メールの好ましさを構成する要因　97

Table 7-6
"必須項目を網羅する" に含まれる IU の内訳

小カテゴリーの下位項目	IU
書き手の情報を書く（36）	書き手の名前を書く（20） 書き手の所属先を書く（9） 書き手の連絡先を書く（5） 書き手の身分を書く（1） 最後に自分の情報が記載されているか確認する（1）
適切な宛名を書く（13）	冒頭に宛名を書く（9） 読み手の名前を間違っていない（1） 最初に読み手の名前を書くときには敬称を付ける（1） 読み手の名前と様の間には一文字間を開ける（1） 宛名に所属先を書く（1）
内容がわかる件名を書く（11）	件名は用件がわかるようにする（8） 件名を書く（2） 件名は名前にしない（1）
挨拶を書く（7）	冒頭に挨拶を書く（6） 結びの言葉を書く（1）
書き手の状況を伝える（3）	自分が出来る対応を伝えている（1） 立て込んでいる場合，追って連絡する旨を伝える（1） 緊急性が低い場合，追って連絡する旨を伝える（1）
冒頭に用件の概要を書く（5）	

注）（　）は，該当する IU の数を表している。

符や疑問符といった記号や絵文字，環境依存文字を使わないことを指していた。また，"情報が正確である" には，嘘をついていないことと事実を歪曲していないことが挙げられた。

　三つ目の〔良い印象を与える要素〕という中カテゴリーには，"わかりや

すい" と "読み手への配慮を示す工夫をする", "丁寧な文章を書く", "見た目がきれいである", "文面が読みやすい" の五つの小カテゴリーが存在する。"わかりやすい" には, 話題を簡潔にまとめることとわかりやすい文章を書くことが挙げられた。"読み手への配慮を示す工夫" としては, 感謝・謝罪を明記することや「お忙しいところすみません」と書くことが, "丁寧な文章を書く" には,「よろしくお願いいたします」や「承知いたしました」と書くこと, 文末を「○○いたします」とすることがまとめられた。これらの具体的な表現が挙げられたことは, 書き手の立場での回答における特徴であるといえるだろう。一方, "見た目がきれいである" という小カテゴリーでは, 読み手の立場での回答でもみられたように, 適切に改行することが挙げられた。また, "文面が読みやすい" には, 句読点を適切に使うことと, 文面を工夫することが挙げられた。

　大カテゴリーの二つ目である【特別な場合における好ましさを構成する要素】には,〔返信メールの場合〕,〔添付ファイルがある場合〕,〔読み手に求めることがある場合〕,〔用件が複数ある場合〕という四つの中カテゴリーが存在した。

　はじめに,〔返信メールの場合〕という中カテゴリーは, "読んだら早く返信する" と "返信時の件名を工夫する", "読み手に安心を与える", "同じテンションのメールを打つ", "もとの文章は消さない", "送られてきた内容に適切に応える" という六つの小カテゴリーが存在した。"読んだら早く返信する" は複数の参加者から挙げられた IU で構成されており, メールそのものだけでなく, 返信までにかかる時間も好ましさに影響することを示している。他方, "返信時の件名を工夫する" は一人の参加者の回答であり, 返信の際に件名を付け直すことや冒頭の「Re:」を消去するといったことが挙げられていた。また, "読み手に安心を与える" は相手の気遣いに応えることを, "同じテンションのメールを打つ" は読み手である人物の感情に同調したメールを書くことを指す。これらの回答はそれぞれ一人の回答者から挙げ

られたものであり，今後の扱いには注意が必要な要素である。さらに "もと
の文章は消さない" と "送られてきた内容に適切に応える" は読み手の立場
での回答でもみられた IU であり，返信では文脈をふまえることが重要視さ
れているといえる。

　次に，〔添付ファイルがある場合〕には，"添付ファイルのことを本文に書
く" と "添付ファイル名を工夫する" の二つの小カテゴリーがみられた。
"添付ファイルのことを本文に書く" ことは読み手の立場でも挙げられた回
答であるため，添付ファイルの有無は読み手にも書き手にも必要とされる情
報であるといえるだろう。

　三つ目の中カテゴリーである〔読み手に求めることがある場合〕には，
"返信について求めることを明記する" と "して欲しいことを明記する" の
二つの小カテゴリーが存在した。"返信について求めることを明記する" と
は，返信期限や必要とされる内容を書くことを指している。また，"して欲
しいことを明記する" とは，読み手に求めることが返信なのか，確認なのか
といった指示を明記するということであった。これらの小カテゴリーからは，
書き手は読み手に対する要求を不足なく明記するように注意していると推察
された。

　四つ目の中カテゴリーである〔用件が複数ある場合〕には，"件数を述べ
る" と "箇条書きにする"，"数字を振る" という三つの小カテゴリーが存在
した。これらは，用件の数がいくつであるかと，それぞれの用件の書き方を
示している。先述したメール全般における好ましさを構成する要素では〔良
い印象を与える要素〕の下位カテゴリーである "わかりやすい" の一つとし
て，「用件は一通につき一件」という IU がみられていた。したがって，こ
の〔用件が複数ある場合〕というカテゴリーは，やむをえず複数の用件を書
かざるをえない場合の具体的な工夫といえる。

　三つ目の大きなカテゴリーは【媒体の使い分け】であった。これは "公的
なメールではスマホは使用しない" と "文章の長さによって使い分ける" の

二つの小カテゴリーで構成されていた。"公的なメールではスマホは使用しない"という小カテゴリーは，先述した媒体の使用頻度の結果とも一致する。これらの結果から，スマホは，公的なメールを書く場合には使用される頻度が低いと考えられる。加えて，場面だけでなく，書く文章の長さによってもPC・スマホの使い分けが行われている可能性が，"文章の長さによって使い分ける"という小カテゴリーの存在から指摘できるだろう。

　最後に，Table 7-5でその他に分類した「BCC に自分のアドレスを入力する」と「挨拶を書かない」という IU は，どこのカテゴリーにも属さなかった。必須項目で送信時に注意をすべきことは挙げられていたが，「BCC に自分のアドレスを入力する」という項目はその範疇には入らなかった。本研究では，回答の理由は尋ねなかったため，これ以上の考察は難しい。他方，必須項目では，複数の参加者が書くべきものとして挨拶をあげていたため，「挨拶を書かない」は個人差とみなし，必須項目に分類しなかった。

　読み手と書き手の共通点と相違点　本研究の目的は，読み手と書き手の立場において，メールの好ましさを構成する要素を探索的に探ることであった。上述の結果から，読み手と書き手の考える好ましさを構成する要素には三つの共通点の存在が示された。

　一つ目は，読み手と書き手のどちらにも，大カテゴリーとして【メール全般における好ましさを構成する要素】と【特別な場合における好ましさを構成する要素】というカテゴリーが存在していたことである。ここから，好ましさを構成する要素には，汎用性の高い要素と個々の場面に合わせた要素の2種類があると推察された。

　二つ目の共通点は，【メール全般における好ましさを構成する要素】が，〔必須項目〕と〔悪い印象を与えない要素〕，〔良い印象を与える要素〕の三つにわけられたことである。好ましいメールが，悪い印象を与えず，かつ，良い印象を与えるものであるというのは，第5章・第6章と同様の結果である。本研究においては，これに加えて，件名や宛名，書き手の氏名などが，

好ましさに関わるメールの必須項目として挙げられていた。よいメールの書き方に関する一般書は多く出版されており，今回挙げられた項目はそれらで書くべきとされているものと共通しているものが多い（e.g., 小田，2011；大嶋・茶谷，2010；簗・大木・小松，2005）。このように，既存の書籍で示されている項目が，好ましさを構成する必須項目と共通していると示したことは，本研究の大きな意義である。なお，〔必須項目〕と，〔悪い印象を与えない要素〕，あるいは，〔良い印象を与える要素〕の間に順序性が存在するかについては今後の課題である。

　三つ目の共通点は，【特別な場合における好ましさを構成する要素】として，〔返信の場合〕と〔添付ファイルがある場合〕が挙げられたことである。すなわち，〔返信の場合〕と〔添付ファイルがある場合〕は，読み手においても書き手においても特に注意が向けられる場面であるといえるだろう。加えて，〔返信の場合〕では，立場に関わらず，小カテゴリーとして"それまでのやり取りをふまえている"と"返信までにかかる時間が短い"がみられたことから，文脈に合わせた文章をできるだけ早く送ることが好ましいといえる。また，〔添付ファイルがある場合〕は，"添付ファイルのことが本文に書かれている"という小カテゴリーから，ファイルの有無を本文で明示することが重要であると考えられる。

　他方，読み手と書き手の考える好ましさを構成する要素の相違点としては，それぞれに固有の大カテゴリーがみられたことが挙げられる。まず，読み手の立場のみでみられた大カテゴリーは，【公的なメールをもらうことに対する気持ち】であった。これは，普段メールを読んでいる経験から構築された，公的なメールに対するイメージである。ここから，今後の調査や実験でメールから受ける印象を考察する場合には，類似した場面でのやり取りをどの程度の頻度で行っているかも考慮に入れる必要性があるといえるだろう。

　次に，書き手の立場のみでみられた大カテゴリーは【媒体の使い分け】であった。加えて，媒体の使用頻度の分析結果からも，公的なメールを書く場

合にスマホを使う頻度が低いことは明らかである。本研究においては，媒体の使い分けを行う理由は調査していないため，ここでは事実の指摘のみに留めておく。しかしながら，"文章の長さによって使い分ける"という小カテゴリーも同時にみられていることから，短い文章であれば，公的なメールであってもスマホを使って書く可能性も考えられる。公的なメールを書く場合にスマホの使用頻度がPCよりも低い理由として，場面と文章の長さのどちらが影響しているのかは，今後の研究課題の一つとしたい。

第2節　読み手や書き手の立場におけるメールの好ましさの構成要素（調査4）[6]

　以上のように，メールの好ましさに関する要素には，恒常的なものと特別な場合に適用されるものがあり，恒常的なものには，さらに必須項目と，悪い印象を与えない要素，良い印象を与える要素が存在することが明らかになった。そこで，本調査ではこれらの結果をふまえ，メールの好ましさを構成する要素を量的に検討する。

　メールでのコミュニケーションに焦点を当てた量的検討としては，高橋（2003）のメールコミュニケーションスキル尺度が存在する。この尺度は，書き手と読み手を分けず，メールを送受信するときのスキルを問うものであり，「送信時間帯の配慮」と「相手を配慮した反応」，「相手の気持ちの解読可能性」，「返信の適切性」の4因子で構成されている。これについて，書き手が文章産出時に注意を向ける事柄という視点から考えると，次の2点が指摘できる。まず，「送信時間帯の配慮」に含まれる「相手の都合がよい時間を見計らってメールを送っている」などの項目は，送信ボタンや送信予約の

6）　本節は「Kikuchi, R. (2018). Measuring Favorability in E-mails The International School Psychology Association, 168.」と「菊池 理紗 (2018). 大学生の考える『Eメールの好ましさ』とは——読み手の視点に立った場合——　日本教育心理学会第60大会発表論文集，600.」，「菊池 理紗 (2018). 読み手と書き手の思うEメールの好ましさの比較　日本心理学会第82回大会発表論文集，1391」を加筆・修正した。

機能を使用すれば操作が可能であり，メール文章を書くという行為に直接関わるものではない。次に，読み手が誰であるかによって，書き手が行う工夫は異なる（加藤・赤堀，2005）。したがって，書き手になった場合と読み手になった場合を分け，やり取りの相手を限定した上で参加者に回答を求める必要がある。

そこで，本調査では，書き手と読み手を分け，それぞれの立場からメールの好ましさについて回答させる。読み手の場合には，第5章の結果をふまえ，件名を含めて公的なメールの好ましさを評価するという観点から質問紙を作成する。また，第6章より，公的なメールの書き手は，文章の好ましさを探求することを目指していると示されたことから，書き手の立場においては，文章の好ましさを探求する態度の程度を問う質問紙を作成する。

目的

本章第1節で得られた結果をふまえ，メールの好ましさを構成する要素について，量的調査を通して検討する。その際，読み手である場合と書き手である場合を分け，読んでいるメールを評価する場合の質問項目と，書き手になった場合に好ましさを探求する態度の程度を問う質問項目の2種類を用いて検討する。

方法

参加者　都内の三校の大学の学部生・大学院生の226名（男性：108名，女性：110名）から回答を得た。なお，調査の内容および手続きについては，あらかじめ法政大学文学部心理学科・心理学専攻倫理委員会の了承を得ていた（平成29年11月22日，承認番号：17-0123）。

質問項目　本章第1節の結果をもとに，読み手の立場におけるメールの好ましさに関わる項目（27項目）と書き手の立場におけるメールの好ましさに関わる項目（30項目）を用意した。また，普通の文では，感嘆符や疑問符は

使用されないことから（文部省, 1946），書き手には感嘆符や疑問符の使用を尋ねる項目を加えた。

　加えて，質問項目の基準関連妥当性を検討するために，岸・辻・籾山（2014）の読み手意識尺度（4因子：16項目）を用いた。読み手意識尺度は，文章の書き手が読み手を意識する程度を測るものであり，書き手の好ましさ探求尺度と中程度以上の相関があると予想された。また，この尺度には読み手としての質問項目も含まれている。読み手の評価基準には書き手が自分に配慮してくれていると感じられるかも含まれているため（菊池, 2016b），読み手の好ましさ評価尺度とも中程度の相関が予想された。

　さらに，参加者による場面設定の理解を確認するため，書き手については「絵文字を使わない」と「顔文字を使わない」の2項目を，読み手については「絵文字がない」と「顔文字がない」の2項目を設けた。なぜなら，公的なメールでは，絵文字や顔文字は使用されず（加藤・赤堀, 2005），これらの項目に「まったくあてはまらない」と回答した参加者は，公的なメールを読み書きする場面であるという教示を，理解していない可能性があると考えられたためである。

　手続き　参加者ペースで個別に回答させ，所要時間は5－10分程度であった。回答時には指導教員や大学の職員と公的なメールをやり取りする場面を想像するよう教示した。読み手の立場における好ましさに関する項目と書き手の立場における好ましさに関する項目は5件法（1：まったく当てはまらない－5：非常によく当てはまる）で，読み手意識尺度は4件法（1：当てはまらない－4：当てはまる）で回答させた。回答の偏りを排除するため，項目の並びのパターンを複数作成し，各参加者にランダムに配布した。また，順序効果を相殺するため，読み手の立場における質問項目と書き手の立場における質問項目，読み手意識尺度の提示順を6通り用意し，すべての順序に均等に参加者が割り振られるように操作した。

結果・考察

データの選定　はじめに，参加者226名から得られたデータのうち，留学生6名と回答に不備がみられた8名を分析から除外した。次に，参加者の平均年齢 +2SD を越えた30歳以上の参加者6名を除外した。最後に，読み手の立場，あるいは，書き手の立場における好ましさに関する項目のうち，「絵文字がない（絵文字を使わない）」あるいは「顔文字がない（顔文字を使わない）」に「まったく当てはまらない」と回答した6名を除いた。これらにより，200名のデータ（男性：89名，女性：111名，18歳10ヵ月—25歳4ヵ月）を分析対象とした。

読み手の立場における好ましさの要因　読み手の立場における好ましさに関する項目の項目間相関を検討した結果，強い相関関係を持つ項目はみられなかったため，27項目すべてを分析対象とした。回答の分布に偏りがみられたため，豊田（2012）を参考にポリコリック相関係数を求め，探索的な質的因子分析（最尤法，プロマックス回転）を行った。固有値1以上，かつ，スクリープロットの減衰状況から2因子が見出された。いずれの因子にも因子負荷量が.40未満，あるいは，双方の因子の因子負荷量が.40以上の項目を削除し，再度因子分析を行った（Table 7-7）。

第1因子は，「相手の名前が書いてある」，「あて名として，はじめにあなたの名前が書いてある」，「最後に相手の署名がある」などの11項目で構成されており，「メールの形式」因子（$\alpha = .849$）と命名した。第2因子は，「内容がわかりやすい」，「本文が長過ぎない」，「文章が簡潔である」の3項目で構成されており，「簡潔さ」因子（$\alpha = .607$）と名付けた。

これらの因子と読み手意識尺度の下位尺度の相関を検討したところ，「メールの形式」因子と「説明意識」の間に弱い正の相関関係（$r = .347$），「簡潔さ」因子と「メタ理解」に弱い正の相関関係（$r = .311$）が確認された。読み手意識尺度の下位尺度である「説明意識」は，説明に対してわかりやすいと感じる，読み手に合わせて表現を変えるべきといった項目で構成されている。

Table 7-7

読み手の立場におけるメールの好ましさ評価項目の因子負荷量

	因子		M	SD	共通性
	1	2			
メールの形式因子（$\alpha = .849$）					
1. 相手の名前が書いてある	.79	− .15	4.4	0.80	.50
5. あて名として，はじめにあなたの名前が書いてある	.78	− .21	3.8	1.10	.45
3. 最後に相手の署名がある	.71	− .06	4.0	1.04	.45
2. 相手の所属が書いてある	.69	.04	4.1	0.94	.52
8. 正しい敬語を使っている	.68	.12	4.3	0.81	.57
6. あいさつが書かれている	.61	− .01	3.7	1.05	.36
9. 言葉遣いが正しい	.61	.31	4.6	0.64	.69
12. 適切な場所で改行されている	.54	.28	4.3	0.74	.55
14. あなたへの配慮を表す言葉が書かれている	.53	.05	4.2	0.90	.32
4. 件名が書いてある	.52	.18	4.4	0.76	.42
13. 適度に行間があいている	.47	.13	4.2	0.82	.32
簡潔さ因子（$\alpha = .607$）					
10. 内容がわかりやすい	− .07	.81	4.7	0.53	.59
7. 本文が長過ぎない	− .11	.76	4.2	0.84	.48
11. 文章が簡潔である	.02	.63	4.4	0.64	.42
因子間相関					
メールの形式因子	1.00				
簡潔さ因子	.63	1.00			

「メールの形式」因子は，読み手と書き手の名前の記載や挨拶の記載など，メールに必要な要素として挙げられるような項目で構成されており，どちらも規範意識に関係する因子であったため，正の相関関係がみられたと考えられる。一方，「メタ理解」は，説明の途中で理解の程度を確認するという内容であり，読み手にとっての理解の程度を表すという点が，「簡潔さ」因子と共通しているといえる。

　　書き手の立場における好ましさの要因　書き手の立場における好ましさに

関する項目の項目間相関を検討した結果，強い相関関係を持つ項目はみられなかったため，32項目すべてを分析対象とした。読み手の立場のときと同様に回答に偏りがみられたため，ポリコリック相関係数を求め，探索的な因子分析（最尤法，プロマックス回転）を行ったところ，固有値1以上，かつ，スクリープロットの減衰状況から2因子が見出された。いずれの因子にも因子負荷量が.40未満，あるいは，双方の因子の因子負荷量が.40以上の項目を削除し，再度因子分析を行った（Table 7-8）。

第1因子は，「言葉を正しく使う」，「誤字脱字がない」，「丁寧な文章を書く」などの11項目で構成され，「失礼さ回避」因子（$\alpha = .835$）と命名した。第2因子は，「件名から内容がわかるようにする」，「件名を書く」，「あて名として，はじめに相手の名前を書く」などの10項目で構成されており，「用件明示」因子（$\alpha = .789$）と名付けた。

これらの因子と読み手意識尺度の下位尺度の相関を検討したところ，「失礼さ回避」因子ではすべての下位尺度と弱い正の相関関係（説明意識：$r = .394$，書き手意識：$r = .353$，メタ理解：$r = .351$，工夫実践：$r = .382$），「用件明示」因子と「書き手意識」に弱い正の相関関係（$r = .316$）が確認された。「失礼さ回避」因子は，読み手に対する配慮に関連する項目で構成されていたため，読み手意識尺度のすべての下位因子と正の相関関係がみられたと推察された。他方，「用件明示」因子は，読み手の「メールの形式」因子と同様に，メールに必要な要素として挙げられるような項目で構成されていたため，書き手が実際に実践している事柄で構成されている「書き手意識」と正の相関関係がみられたと考えられる。

読み手・書き手の双方に共通する因子の存在　読み手の「メール形式」因子と書き手の「用件明示」因子は，それ以外の項目と区別が可能であると考えられる。なぜなら，これらの因子に含まれる項目は，本章第1節の調査3において，読み手の立場でも書き手の立場でも【メール全般における好ましさを構成する要素】の下位カテゴリーである〔必須項目〕に分類されていた

Table 7-8
書き手の立場における好ましさ探求項目の因子負荷量

	因子		*M*	*SD*	共通性
	1	2			
失礼さ回避因子（*α* = .835）					
11. 言葉を正しく使う	**.95**	− .19	4.6	0.60	.70
9. 誤字脱字がない	**.86**	− .21	4.4	0.77	.55
18. 丁寧な文章を書く	**.80**	− .07	4.7	0.52	.57
15. わかりやすい文章を書く	**.75**	.06	4.5	0.62	.62
10. 敬語を正しく使う	**.66**	.05	4.6	0.61	.48
20. 句読点を適切に使う	**.61**	.10	4.4	0.73	.47
12. 正確な情報を伝える	**.58**	.19	4.6	0.55	.52
16. 簡潔な文章を書く	**.50**	.24	4.2	0.76	.46
14. 読んだら早く返信する	**.47**	− .05	3.8	1.05	.19
19. 適切な場所で改行する	**.43**	.17	4.3	0.82	.31
17. 相手に配慮した文章構成にする	**.41**	.39	4.3	0.77	.53
用件明示因子（*α* = . 789）					
4. 件名から内容がわかるようにする	− .18	**.88**	4.3	0.94	.61
3. 件名を書く	− .18	**.84**	4.5	0.85	.54
5. あて名として，はじめに相手の名前を書く	− .07	**.71**	4.1	1.18	.45
7. 要件の概要を書く	− .01	**.65**	4.2	0.96	.41
2. 自分の所属を書く	.04	**.61**	4.4	0.91	.41
21. 添付ファイルの名前をわかりやすくする	− .02	**.59**	3.8	1.18	.34
8. ファイルを添付することを本文に書く	.03	**.54**	3.8	1.22	.31
13. それまでのやりとりをふまえて書く	.15	**.50**	4.2	0.85	.37
1. 自分の名前を書く	.14	**.45**	4.8	0.59	.31
6. あいさつを書く	.10	**.44**	4.3	0.93	.26
因子間相関					
失礼さ回避因子	1.00				
用件明示因子	.65	1.00			

項目であるためである。例えば，読み手の「メール形式」因子に含まれる「相手の名前が書いてある」や「あて名として，はじめに自分の名前が書いてある」「件名が書いてある」などの項目は，調査4で得られた「書き手の指名が書かれている」，「あて名が書いてある」，「件名が書かれている」（Table 7-4）などの記述を元に作成されたものであった。また，書き手の「用件明示」因子に含まれる，「自分の名前を書く」や「あて名として，はじめに相手の名前を書く」「件名を書く」などの項目も，読み手と同様に「書き手の名前を書く」，「冒頭に宛名を書く」，「件名を書く」（Table 7-6）などの記述を元に作成された。第5章と第6章において，読み手も書き手もメールを構成する要素の不足に着目することが示されている。このことから，メールに書くべき事柄として読み手と書き手の双方に認識されている「メールの形式」因子と「用件明示」因子の項目は，他の項目とは働きが異なる可能性が指摘できる。したがって，これらの項目は，それ以外の項目と区別して分析する必要があるだろう。

　また，読み手と書き手のどちらにおいても，「絵文字がない」，あるいは，「顔文字がない」に「まったく当てはまらない」と回答した人が少数であったことから，これらは公的なメールであるという状況設定の理解を確認する問いとして有効である。よって，引き続きこれらを参加者の選定基準として用いる。

第3節　読み手や書き手の立場におけるメールの好ましさ尺度の作成（調査5）[7]

　前節において，第1節でメールの必須項目として分類された項目が一つの因子としてまとまったことから，これらの項目は，読み手と書き手の双方に

7）　本節は「菊池 理紗（2019）．書き手の立場における好ましさ探究尺度の作成　日本読書学会第63回大会発表論文集，62-72.」と「菊池 理紗（2019）．読み手が考えるメールの好ましさ評価尺度の作成──社会人と大学生を対象として──　日本教育心理学会第61回大会発表論文集，569」を加筆・修正した。

とって，それ以外の項目と異なる働きをする可能性が示唆された。したがって，本節では，項目を再検討し，改めて読み手や書き手の立場におけるメールの好ましさ尺度を作成する。その際，公的なメールに書くべき事項，あるいは，書くべきでないとされている事項については，別途それらに注意を向ける程度を検討する。

目的

　本調査では，前節で得られた結果をふまえて，公的なメールの好ましさの要因について調査する。さらに，今後の実験において，読み手の立場における好ましさの評価，あるいは，書き手の立場における好ましさを探求する程度を測る際に用いるため，結果を尺度化してその妥当性と信頼性を検討する。

　なお，本調査は二つの調査で構成されている。研究1では，社会人を対象として読み手の立場における好ましさ評価尺度と書き手の立場における好ましさ探求尺度を作成し，その妥当性と信頼性を検討する。メールは仕事上のコミュニケーションで使用される最も主要なツールであるため（一般社団法人日本ビジネスメール協会，2019），メールにより熟達していると考えられる社会人を対象として分析を行うべきであると考えた。一方，研究2では，研究1で作成された読み手の立場における好ましさ評価尺度と書き手の立場における好ましさ探求尺度が，大学生においても使用可能であるかを検討する。大学生で使用が可能であれば，今後の実験や教育において，学生のメールの好ましさや学生がメールを書くときの態度を計測するために用いることができるだろう。

研究1

方法

　参加者　現在働いており，かつ，仕事上でメールを使用していると回答した社会人111名から回答を得た。なお，本調査は，事前に法政大学文学部・

人文科学研究科倫理委員会の承認を得て実施された（平成30年 6 月20日，承認番号：18-0018）。

質問項目　参加者の年齢や性別，勤務年数，一日に読み書きする仕事上のメールの通数，その際に用いる媒体（スマホのみ・PC やタブレットのみ・スマホと PC の併用の 3 択）を尋ねた（Table 7-9）。

さらに，公的なメールのマナーに対する注意の程度を調べるため，予備調査の質問項目から，佐藤他（2015）と西出（2013）を参考にして，書くべき事項や書くべきでない事項を選定し，公的なメールに対する意識項目とした。読み手に対しては「相手の名前が書いてある」などの 8 項目，書き手に対しては，「自分の名前を書く」などの 9 項目を使用した。また，書き手に対しては，研究 2 において大学生の結果と比較するために，感嘆符や疑問符の使用を尋ねる項目も引き続き加えた（Table 7-10）。

好ましさを測定する尺度としては，まず，読み手の立場における好ましさ評価尺度では，前節で使用した項目から，上記の公的なメールに対する意識

Table 7-9
社会人の勤務年数と一日あたりのメールの利用数，使用媒体の内訳

| | | 勤務年数 | | 一日あたりの利用数 | | | |
| | | | | 読み | | 書き | |
		M	SD	M	SD	M	SD
男性	$n=50$	25.5	11.50	22.3	27.97	8.8	8.92
女性	$n=47$	14.6	10.33	12.9	13.15	7.7	12.09
全体	$N=97$	20.2	12.24	17.7	22.56	8.3	10.59

| | | 使用媒体 | | | | | |
| | | スマホ | | PC・タブレット | | スマホ・PC の併用 | |
		人数	％	人数	％	人数	％
男性	$n=50$	2	4.0	31	62.0	17	34.0
女性	$n=47$	8	17.0	26	55.3	13	27.7
全体	$N=97$	10	10.3	57	58.8	30	30.9

Table 7-10

公的なメールに対する意識項目の平均値と標準偏差

	社会人		大学生		全体	
	M	*SD*	*M*	*SD*	*M*	*SD*
読み手の立場における項目						
20. 相手の名前が書いてある	4.8	1.00	5.0	0.98	5.0	1.00
21. 相手の所属が書いてある	4.5	1.08	4.8	1.08	4.7	1.09
22. 最後に相手の署名がある	4.6	1.07	4.5	1.24	4.5	1.19
23. 件名が書いてある	4.9	1.09	4.9	1.00	4.9	1.03
24. あて名として，はじめにあなたの名前が書いてある	4.3	1.12	4.3	1.34	4.3	1.27
25. あいさつが書かれている	4.1	1.10	4.4	1.26	4.3	1.22
26. やりとりの履歴が残っている	4.4	1.06	4.0	1.37	4.2	1.29
27. 本文に関係ない広告がついていない	4.8	1.21	5.3	1.03	5.1	1.13
書き手の立場における項目						
22. 自分の名前を書く	5.0	0.93	5.2	1.21	5.2	1.13
23. 自分の所属を書く	4.6	1.06	4.9	1.22	4.8	1.12
24. 件名を書く	5.2	0.76	4.9	1.22	5.0	1.10
25. あて名として，はじめに相手の名前を書く	4.6	1.09	4.1	1.37	4.3	1.30
26. 相手の名前には敬称を付ける	4.9	1.01	5.1	1.02	5.0	0.99
27. あいさつを書く	4.4	1.22	5.1	1.02	4.9	1.16
28. 送信先を間違えない	5.1	0.87	5.6	0.71	5.4	0.80
29. やりとりの履歴を消さない	4.4	1.09	4.6	1.37	4.5	1.29
30. 環境依存文字を使わない	4.6	1.03	4.5	1.23	4.5	1.17
31. 感嘆符（！）を使わない	4.7	1.02	4.5	1.43	4.6	1.31
32. 疑問符（？）を使わない	4.1	1.28	3.6	1.45	3.7	1.41

第 7 章　メールの好ましさを構成する要因　　113

Table 7-11
社会人の読み手の立場における好ましさ評価尺度の因子負荷量

| | 因子 | | | | |
	1	2	M	SD	共通性
配慮の実感因子（$\alpha = .923$）					
01. 件名から内容がわかる	.88	− .06	4.5	1.10	.70
10. 重要な部分が目立っている	.87	− .08	4.4	1.04	.65
06. 正しい敬語を使っている	.78	− .02	4.5	0.90	.59
08. それまでのやりとりをふまえた内容である	.66	.21	4.4	0.99	.70
16. あなたへの配慮を表す言葉が書かれている	.66	.06	4.3	1.09	.50
12. 文章が簡潔である	.64	.23	4.6	1.12	.67
05. 一文が短い	.60	.23	4.3	1.04	.63
02. 用件の概要が書かれている	.59	.09	4.4	1.00	.44
03. ファイルが添付されていることを本文に書いている	.57	.15	4.2	1.16	.48
13. 一つのメールで複数の内容を扱っていない	.42	.16	4.0	1.14	.31
適切さの実感因子（$\alpha = . 925$）					
14. 適切な場所で改行されている	.00	.87	4.6	0.94	.76
07. 言葉遣いが正しい	− .05	.87	4.8	0.93	.69
17. あなたに配慮された文章構成になっている	.00	.82	4.5	1.10	.68
11. 内容がわかりやすい	.06	.79	4.9	1.06	.70
04. 本文が長過ぎない	.13	.72	4.6	1.02	.67
09. 早く返信が返ってくる	.23	.56	4.3	1.16	.56
15. 適度に行間があいている	.38	.42	4.4	0.99	.56
因子間相関					
配慮の実感因子	1.00				
適切さの実感因子	.77	1.00			

項目を除いた19項目を採用した（Table 7-11，Appendix 7-2）。また，書き手の立場における好ましさ探求尺度でも，同様に21項目を採用した（Table 7-12，Appendix 7-3）。

　また，前節で一部正の相関関係がみられたため，質問項目の基準関連妥当性を検討するための尺度として，岸他（2014）の読み手意識尺度（4因子：16項目）を用いた（Appendix 7-4）。以上の項目に加え，参加者の場面設定に対する理解を確認するための質問項目として，読み手については「絵文字がな

Table 7-12
社会人の書き手の立場における好ましさ探求尺度の因子負荷量

	因子		*M*	*SD*	共通性
	1	2			
失礼さ回避因子 （α = .940)					
07. 言葉を正しく使う	.94	− .05	4.9	0.83	.81
15. 相手への配慮を表す言葉を書く	.90	− .10	4.7	0.97	.69
06. 敬語を正しく使う	.77	.09	4.9	0.88	.71
20. 句読点を適切に使う	.74	.07	4.8	0.95	.62
09. 正確な情報を伝える	.74	.16	5.0	0.91	.76
18. 適切な場所で改行する	.66	.21	4.8	0.83	.69
05. 誤字脱字がない	.65	.21	4.9	1.02	.66
わかりやすさ重視因子 （α = .916)					
14. 簡潔な文章を書く	− .03	.93	4.9	0.93	.81
01. 件名から内容がわかるようにする	.06	.77	5.0	0.85	.68
11. 読んだら早く返信する	− .03	.74	4.6	1.01	.53
19. 適度に行間をあける	.03	.72	4.7	0.99	.55
02. 用件の概要を書く	.08	.66	4.6	0.96	.51
10. それまでのやりとりをふまえて書く	.22	.63	4.7	0.88	.66
08. 文章を長くしない	.08	.62	4.7	0.88	.47
04. 同じ文末表現を繰り返さない	.22	.55	4.6	0.97	.53
因子間相関					
失礼さ回避因子	1.00				
わかりやすさ重視因子	.77	1.00			

い」と「顔文字がない」の2項目を，書き手については「絵文字を使わない」と「顔文字を使わない」の2項目を用いた。

　手続き　株式会社クロス・マーケティングに調査代行を依頼し，ウェブ調査を実施した。参加者ペースで個別に回答させ，回答時には，上司や同じ会社の他の部署の人と公的なメールをやり取りする場面を想定するように教示した。読み手における好ましさ評価尺度は「公的なメールをもらったとき，そのメールを好ましいと感じる基準」，書き手における好ましさ探求尺度は「公的な好ましいメールを書くときに気を付けていること」として各項目がどの程度当てはまるかを回答させた。公的なメールに対する意識項目と読み

手における好ましさ評価尺度，書き手における好ましさ探求尺度は，6件法（1：まったくあてはまらない－6：非常によくあてはまる）で，読み手意識尺度は4件法（1：当てはまらない－4：当てはまる）で回答させた。順序効果を相殺するため，好ましさ評価尺度と好ましさ探求尺度，読み手意識尺度は，6通りの提示順で各参加者に示した。したがって，3分の1の参加者は好ましさ評価尺度から，別の3分の1は好ましさ探求尺度から，残りの3分の1は読み手意識尺度から回答した。また，各尺度の質問項目の提示順は，参加者毎にランダム順になるように設定した。

結果と考察

データの選定　調査の実施とデータの選定はクロス・マーケティング社に代行を依頼した。得られた111名のデータから，次の二つの基準のどちらかに当てはまったデータを除外した。すなわち，3種類の尺度のすべての項目に同じ数字をつけた参加者と，読み手の好ましさ評価尺度のうちの「絵文字がない」と「顔文字がない」，あるいは，書き手の好ましさ探求尺度項目のうちの「絵文字を使わない」と「顔文字を使わない」のうち，どれか1項目でも「まったくあてはまらない」と付けた参加者を除外した。二つの基準のどちらかに該当した14名を除いた結果，97名（男性：50名，女性：47名，23歳6ヵ月－69歳6ヵ月），平均年齢47.4歳（$SD=10.63$）が分析対象となった。

参加者の特性　参加者の勤務年数と仕事上で読み書きするメールの一日当たりの通数，その際に用いる媒体について確認した（Table 7-9）。書くメールの通数と読むメールの通数には，中程度の正の相関関係が確認された（$r=.65$）。使用する媒体は，性別に関わらず，PC やタブレットを使用する人が最も多く，スマホのみを使用する人は少なかった。これは本章第1節の結果と同様の結果である。しかし，同節の結果において PC の使用時とスマホの使用時の評価観点や注意する点は共通していた。そのため，本調査で PC 使用時とスマホ使用時を区別せずに質問したことは，問題ないと判断した。

116

公的なメールに対する意識項目　読み手における意識項目では，すべての項目が「やや当てはまる」を上回っており，これらの項目は，公的なメールを読む際に，書いてあるべき，あるいは，あるべきではない事柄だと捉えられていることが確認された（Table 7-10上段の項目20-27）。

書き手における意識項目でも，すべての項目が「やや当てはまる」を上回っていた（Table7-10下段の項目22-30）。すなわち，読み手においても，これらの項目は公的なメールに書くべき，あるいは，書くべきでない事柄だと捉えられていることが示された。また，感嘆符・疑問符についても，「使わない」という項目に対して「やや当てはまる」と回答されていることから，公的なメールでは使われない記号であると推察された（Table7-10下段の項目31-32）。

読み手における好ましさ評価尺度　最初に，読み手における好ましさ評価尺度において逆転項目として設定していた，「口頭で伝えた方がいい内容が入っている（$M=3.7, SD=1.19$）」と「難しい言葉を使っている（$M=3.5, SD=1.34$）」の平均値と標準偏差について検討した。しかし，どちらも平均値が理論的中央値 $Me=3.5$ より高いため，逆転項目として不適当であると考え，分析から除外した。

さらに，その他の項目間の相関関係を検討したところ，$|r|\geq.80$以上の強い項目間相関はみられなかった。よって，上述の逆転項目を除いた17項目に対して探索的因子分析（最尤法，プロマックス回転）を行った。因子は，固有値1以上，かつ，スクリープロットの減衰状況をふまえて2因子を抽出した（Table 7-11）。

第1因子は，「件名から内容がわかる」や「重要な部分が目立っている」，「正しい敬語を使っている」といった項目で構成されており，「配慮の実感」因子と名付けられた。信頼性係数は $\alpha=.923$ であった。他方，第2因子は「適切な場所で改行されている」や「言葉遣いが正しい」，「あなたに配慮された文章構成になっている」といった項目で構成されていたため，「適切さの実感」因子と命名した。信頼性係数は $\alpha=.925$ であった。二つの因子間に

は強い正の相関関係が確認された（r=.77）。よって，これらの因子は互いに関係していることが示された。

次に，「配慮の実感」因子と「適切さの実感」因子の尺度得点を算出し，読み手意識尺度（岸他，2014）の下位尺度との相関関係を検討した。その結果，すべての下位尺度間において中程度の正の相関関係がみられた（Table 7-13上段）。したがって，読み手意識尺度における基準関連妥当性は確認された。

書き手における好ましさ探求尺度　続いて，書き手の好ましさ探求尺度においても，まず，項目間の相関関係を検討した。その結果，「敬語を正しく使う（M=4.9, SD=0.88）」と「丁寧な文章を書く（M=4.9, SD=0.86）」，「簡潔な文章を書く（M=4.9, SD=0.93）」と「わかりやすい文章を書く（M=4.9, SD=0.87）」，「相手への配慮を表す言葉を書く（M=4.7, SD=0.97）」と「相手に配慮した文章構成にする（M=4.9, SD=0.96）」の3組に強い正の相関関係がみられた（r=.81, .84, .80）。よって，これらについては，それぞれSDがより小さい項目の方を分析から除外した。

最終的な分析対象となった18項目に対し，探索的因子分析（最尤法，プロマックス回転）を行い，固有値1以上，かつ，スクリープロットの減衰状況から2因子が見出された。さらに，いずれの因子にも因子負荷量が.40未満

Table 7-13
社会人の好ましさ尺度と読み手意識尺度（岸他，2014）の相関

| | 読み手意識尺度 | | | |
	説明意識	書き手意識	メタ理解	工夫実践
読み手の立場における好ましさ評価尺度				
配慮の実感因子	.61**	.56**	.62**	.56**
適切さの実感因子	.55**	.42**	.56**	.50**
書き手の立場における好ましさ探求尺度				
失礼さ回避因子	.69**	.56**	.63**	.65**
わかりやすさ重視因子	.61**	.55**	.55**	.58**

**p<.01

の項目を削除し、再度因子分析を行った（Table 7-12）。

第1因子は、「言葉を正しく使う」や「相手への配慮を表す言葉を書く」、「敬語を正しく使う」といった項目で構成されており、「失礼さ回避」因子と名付けられた。信頼性係数は $\alpha = .940$ であった。他方、第2因子は「簡潔な文章を書く」や「件名から内容がわかるようにする」、「読んだら早く返信する」といった項目で構成されていたため、「わかりやすさ重視」因子と命名した。信頼性係数は $\alpha = .916$ であった。二つの因子間には強い正の相関関係が確認された（$r = .77$）。よって、これらの因子は互いに関係していることが示された。

また、「失礼さ回避」因子と「わかりやすさ重視」因子の尺度得点を算出し、読み手意識尺度（岸他，2014）の下位尺度との相関関係を検討した。その結果、すべての下位尺度間で中程度の正の相関関係がみられた（Table 7-13下段）。ここから、書き手の好ましさ探求尺度は、読み手を意識することと関係しており、基準関連妥当性が確認された。

評価尺度と探求尺度の相関関係　読み手の立場における好ましさ評価尺度と書き手の立場における好ましさ探求尺度の双方について、下位尺度得点を算出し、相関関係を検討した。その結果、すべての下位尺度の間に中程度の正の相関関係がみられた（Table 7-14）。ここから、読み手としての意識と書き手としての意識が関係していることが明らかになった。これは、面接法を用いた第5章と第6章の調査結果とも一致する。第5章においては、読み手の評価には書き手になった場合に注意を向ける事柄が影響することが示された。同様に、第6章では、書き手が注意を向ける事柄は、読み手になった際に評価を行う箇所と重複することが示唆された。これらの結果から、読み手としての意識と書き手としての意識が互いに影響を及ぼし合っている可能性が指摘できる。やり取りを前提とした文章において、読み手と書き手は入れ替わることが可能である（Plácintar, 2017）。すなわち、ある相手とのやり取りにおいて、同じ人間は書き手にも読み手にもなりうるため、このような結

第 7 章　メールの好ましさを構成する要因　　119

Table 7-14
社会人における評価尺度と探求尺度の相関関係

	書き手の立場における好ましさ探求尺度	
	失礼さ回避因子	わかりやすさ重視因子
読み手の立場における好ましさ評価尺度		
配慮の実感因子	.57**	.69**
適切さの実感因子	.65**	.62**

**$p < .01$

果が得られたと考えられた。

研究 2

方法

参加者　都内の二校の四年制大学と一校の短期大学に所属する大学生計214名から回答を得た。なお，本調査は，事前に法政大学文学部・人文科学研究科倫理委員会の承認を得て実施された（平成30年6月27日，承認番号：18-0038）。

質問項目　研究1と同様に，公的なメールに対する意識項目と書き手の好ましさ探求尺度，読み手の好ましさ評価尺度，読み手意識尺度（岸他，2014）を用いた。

手続き　研究1と同様の手続きを用いた。異なる点は，質問項目を書面にしたことと，教示において指導教員や大学事務職員との公的なメールをやり取りする場面を想定させたことである。

結果と考察

データの選定　はじめに，データに欠損値が存在した参加者15名を削除した。また，研究1と同様に三つの尺度のすべての項目に同じ数字をつけた参

加者の存在を確認したところ，該当者は存在しなかった。次に，読み手にお
いて「絵文字がない」と「顔文字がない」，あるいは，書き手において「絵
文字を使わない」と「顔文字を使わない」のうち，どれか1項目でも「まっ
たくあてはまらない」と付けた参加者15名を分析から除き，184名（男性50名，
女性134名，19歳3ヵ月－23歳6ヵ月），平均年齢19.9歳（$SD = 0.61$）が分析対象
となった。

公的なメールに対する意識　読み手における意識項目では，すべての項目
が「やや当てはまる」を上回っていた（Table 7-10上段の項目20－27）。したが
って，社会人と同様に，公的なメールの好ましさを評価する際には，これら
の項目は意識されている。書き手における意識項目でも，すべての項目が
「やや当てはまる」より高く，これらの項目は大学生においても書くときに
意識されていることが明らかになった（Table 7-10下段の項目22-30）。また，
大学生はメールの冒頭に読み手の名前を書き忘れることがあると指摘されて
いる（太田，2015；佐藤他，2015）。しかし，本研究では，「あて名として，は
じめに相手の名前を書く（$M = 4.1, SD = 1.37$）」は，平均値が $Me = 3.5$ より高
く，大学生も社会人と同様に書くべきであると意識していた。一方，大学生
においては公的なメールを書く際に，疑問符を使わないという意識は低い可
能性があった（$M = 3.6, SD = 1.45$）。

読み手における好ましさ評価尺度　次に，大学生で研究1と同様の因子構
造が確認されるかを検討するために，Amos25.0を用いて多母集団同時分析
を行った。このとき，研究1の結果から，読み手における好ましさ評価尺度
では，「配慮の実感」因子と「適切さの実感」因子の間に強い正の相関関係
（$r = .77$）が確認されたので，潜在因子間に直接相関を仮定したモデルを作成
した[8]。

因子構造の配置不変性のみを仮定した場合には，RMSEA や RMR はやや
高いが，GFI は許容範囲であり，十分な適合度が確認された（$\chi^2(236) =$
605.550, $p < .001$, GFI = .803, AGFI = .744, RMR = .070, RMSEA = .075, AIC =

745.550）。また，社会人と大学生の間で因子負荷量が不変であると仮定した
モデルにおいても，配置不変性のみを仮定した場合と同程度の適合度が確認
された（$\chi^2(251) = 622.240$, $p < .001$, GFI = .798, AGFI = .754, RMR = .083, RMSEA
= .073, AIC = 732.240）。因子負荷量と観測変数の誤差分散が不変であると仮
定した場合は，適合度はその他のモデルよりも低い（$\chi^2(268) = 722.462$, p
$< .001$, GFI = .775, AGFI = .743, RMR = .099, RMSEA = .078, AIC = 98.462）。AIC
においても，因子負荷量のみが不変であると仮定した場合のモデルが最も良
好であり，これを採用した。

　他方，大学生における各因子の信頼性係数は，「配慮の実感」因子は α
= .843,「適切さの実感」因子は α = .800であり，尺度の信頼性も確認された。
さらに読み手意識尺度（岸他，2014）と各因子間の間に弱い正の相関関係が
みられたことから，読み手の好ましさ評価尺度も，基準関連妥当性を有する
ことが示された（Table 7-15上段）。

　書き手における好ましさ探求尺度　書き手における好ましさ探求尺度にお
いても多母集団同時分析を行った。こちらも読み手と同様に，「失礼さ回避」
因子と「わかりやすさ重視」因子の間に強い正の相関関係（$r = .77$）が確認
されたため，これらの潜在因子に直接相関を仮定したモデルを作成した[9]。

　因子構造の配置不変性について検討したところ，RMSEA はやや高いが，
GFI や RMR は許容範囲であり，おおむね良好な適合度が確認された
（$\chi^2(178) = 357.402$, $p < .001$, GFI = .858, AGFI = .809, RMR = .056, RMSEA = .060,
AIC = 481.402）。次に，社会人と大学生の間で因子負荷量が不変であると仮

8）　因子間相関が高いことから，1因子構造においても多母集団同時分析でモデルを比較したと
　　ころ，AIC が最も低かった因子負荷量のみを不変としたモデルの GFI が2因子構造のときより
　　も低かったため，2因子構造を採用した（$\chi^2(255) = 694.104$, $p < .001$, GFI = .771, AGFI = .725,
　　RMR = .090, RMSEA = .079, AIC = 796.104）。
9）　因子間相関が高いことから，1因子構造においても多母集団同時分析でモデルを比較したと
　　ころ，AIC が最も低かった因子負荷量のみを不変としたモデルの GFI が2因子構造のときより
　　も低かったため，2因子構造を採用した（$\chi^2(288) = 680.211$, $p < .001$, GFI = .767, AGFI = .723,
　　RMR = .092, RMSEA = .070, AIC = 788.211）。

Table 7-15
大学生の好ましさ尺度と読み手意識尺度（岸他，2014）の相関

	読み手意識尺度			
	説明意識	書き手意識	メタ理解	工夫実践
読み手の立場における好ましさ評価尺度				
配慮の実感因子	.38**	.30**	.26**	.33**
適切さの実感因子	.39**	.33**	.26**	.34**
書き手の立場における好ましさ探求尺度				
失礼さ回避因子	.54**	.44**	.41**	.49**
わかりやすさ重視因子	.47**	.53**	.39**	.45**

**$p < .01$

定したモデルで適合度を確認したところ，配置不変の場合と同程度の適合度が確認された（$\chi^2(191) = 373.455$, $p < .001$, GFI = .853, AGFI = .809, RMR = .071, RMSEA = .059, AIC = 471.455）。さらに，因子負荷量と観測変数の誤差分散が不変であると仮定した場合にも，上述した2種類のモデルと同程度の適合度が確認された（$\chi^2(206) = 524.185$, $p < .001$, GFI = .818, AGFI = .788, RMR = .100, RMSEA = .074, AIC = 592.185）。そこで，AICを比較し，因子負荷量のみを不変であると仮定した場合のモデルが最も値が低かったため，これを採用した。

　また，大学生における各因子の信頼性係数も「失礼さ回避」因子は α = .893，「わかりやすさ重視」因子は α = .818であり，尺度の信頼性も確認された。加えて，読み手意識尺度（岸他，2014）とは，各因子間の間に弱い一中程度の正の相関関係がみられ，こちらでも基準関連妥当性を有することが示された（Table 7-15下段）。

　探求尺度と評価尺度の相関関係　大学生においても，書き手の立場における好ましさ探求尺度と読み手の立場における好ましさ評価尺度の下位尺度得点を算出した。下位尺度間の相関関係を検討したところ，社会人と同様にすべての下位尺度において中程度の正の相関関係がみられた（Table 7-16）。よって，大学生においても，読み手と書き手の意識は互いに影響し合っている

第7章　メールの好ましさを構成する要因　　123

Table 7-16
大学生における評価尺度と探求尺度の相関関係

	書き手の立場における好ましさ探求尺度	
	失礼さ回避因子	わかりやすさ重視因子
読み手の立場における 好ましさ評価尺度		
配慮の実感因子	.49**	.60**
適切さの実感因子	.53**	.54**

**$p < .01$

といえる。

第4節　本章のまとめ

　本章の目的は，公的なメールを書く場面において，読み手，あるいは，書き手がそのメールを好ましいと考える要因をより量的な手法で明らかにすることであった。はじめに，第1節（調査3）において，大学院生を対象に自由記述調査を行い，どのような要素が読み手の好ましさに対する評価や書き手の好ましさの探求度合いを表すかを検討した。その結果，読み手も書き手も，メールの好ましさを類似した視点で捉えており，その内容は第5章・第6章で得られた結果とも一致した。第1節で，参加者の記述をIU単位に区切り，KJ法を用いて分析したことで，質問項目に適した単位でメールの好ましさに含まれる要素がカテゴリー化され，第2節と第3節（調査4と調査5）で使用する際の内容的妥当性も高めることができた。

　第2節（調査4）では，第1節の結果をもとに質問項目を作成し，読み手と書き手のそれぞれについて好ましさの構成要素を検討した。大学生を対象として調査を行った結果，読み手の立場における好ましさとしては，「メールの形式」因子と「簡潔さ」因子が見出され，書き手の立場における好ましさとしては，「失礼さ回避」因子と「用件明示」因子が見出された。読み手

の立場における「メールの形式」因子と書き手の立場における「用件明示」因子から，件名を書くことや読み手の名前を書くことなどは，公的なメールを書くことに必要な要素として認識されていることが明らかになった。これらの項目の多くは，第1節で必須項目として挙げられていたものでもあった。したがって，これらについては，その他の項目と区別して分析を行うべきであると考えられた。

第3節（調査5）では，第2節の結果をふまえ，メールに書くべきと認識されている項目を公的なメールについての意識項目として区別し，質問紙を作成した。社会人と大学生を参加者として，読み手の立場における好ましさ評価尺度と書き手の立場における好ましさ探求尺度，読み手意識尺度（岸他，2014）に回答させた。

回答を分析したところ，社会人においては，読むメールの数が多い程，書くメールの数も多い傾向が示された。加えて，社会人が公的なメールを書く際に使用する媒体は，PCが多く，スマホのみを使用する人は少ないことが明らかになった。また，公的なメールに対する意識を問う項目では，社会人と大学生の双方において，質問のすべての項目で「やや当てはまる」を上回る平均値がみられた。よって，大学生と社会人はどちらも公的なメールにまつわるマナーを理解している可能性が示唆された。

次に，読み手における好ましさ評価尺度について，社会人のデータを用いた探索的因子分析を行った。その結果，「配慮の実感」因子と「適切さの実感」因子の2因子が見出された。つまり，読み手は，そのメールをやり取りしている状況に相応しく，かつ，自分に対する配慮が感じられることを，好ましさの条件として想定している。第5章において，読み手はメールの内容に関する既有知識を参照し，それに合致しない場合にはネガティブな評価を行うことを指摘した。本章で得られた結果は，これと類似するものであり，したがって，本調査の結果は妥当なものであると判断した。一方，書き手における好ましさ探求尺度は，探索的因子分析によって，「失礼さ回避」因子

と「わかりやすさ重視」因子の2因子が見出された。すなわち，書き手は，失礼だと受け取られないように気を付けつつ，わかりやすい文章を目指すと示された。これは，社会人の書き手がネガティブな評価の回避とポジティブな評価の獲得の両方を目指していたという第6章の結果と類似していた。

　加えて，これらの因子はすべて読み手意識尺度（岸他，2014）の下位尺度と中程度の正の相関関係がみられ，基準関連妥当性が確認された。さらに，すべての因子同士の間にも中程度の正の相関関係がみられたことから，書き手と読み手の意識が関連していることが示された。これは，やり取りを行う場面で書き手と読み手の役割交代が繰り返し起こりうるためであると考えられる。

　また，大学生のデータを加えた多母集団同時分析の結果，書き手の立場においても，読み手の立場においても，社会人と大学生の間で因子構造と因子負荷量が同じであるモデルが採用されたことから，メールを読み書きする際に意識していることは，大学生も社会人と同様であると示唆された。したがって，本研究で作成された尺度は，メールの使用頻度が高い社会人に加え，大学生においても使用可能であると考えられる。

　本章で作成した尺度を用い，第8章では，実際に大学生にメールを書かせ，それに対して読み手と書き手のそれぞれの立場から好ましさを計測する。その際，書き手に与える情報を操作することで，メールの好ましさに違いがみられるかを検討する。

第8章　提示情報がメールの産出に与える影響

　これまで，読み手と書き手のそれぞれの立場から公的なメールの好ましさ
を構成する要因を探索的に検討してきた。さらに，第7章において，それら
の結果をもとに好ましさ尺度を作成した。本章では，作成した尺度を用いて，
書き手に対して提示した情報が，書き手と読み手それぞれの立場における好
ましさにどのように影響するかを検討する。メールの書き手は学生とし，読
み手は大学事務職員を想定させ，プライベートではない，公的なメールを書
く場面を分析対象とした。

第1節　提示情報が書き手の意識と文章の好ましさに与える影響
（実験1）[10]

　本実験において書き手に提示する情報は，読み手との関係継続の予期と公
的なメールに関する注意事項の2種類である。関係継続の予期とは，そのコ
ミュニケーションに参加している相手との関係が今後も継続することに対す
る予期であり，本研究においては，メールの読み手と書き手の関係が，メー
ルをやり取りした後も続くだろうという予測を指す。他方，公的なメールに
関する注意事項は，公的なメールに書くべき，あるいは，書くべきでない事
項のことである。

　まず，関係継続の予期については，これを提示することで書き手に対して
読み手への配慮を促すと予想される。なぜなら，第3章で述べたように，読
み手との関係が今後も続くだろうと考えられる場合，書き手は読み手により

---

10) 本節は「菊池 理紗 (2020). 書き手の取得情報によるメールの好ましさへの影響 日本心理学会
第84回大会発表論文集」と「菊池 理紗 (2020). 書き手の取得情報によるメールにおける言語表現
への影響　日本教育心理学会第62回大会発表論文集」に加筆・修正した。

配慮した文章を書く（大浦・安永，2007）ためである。次に，公的なメールに関する注意事項については，これを提示することでメールとしての不備が減少すると考えられる。大学生の書いたメールには不備がみられるという指摘がある（佐藤他，2015）。しかし，英語の公的なメールの作成においては，注意事項を示し，その内容についてディスカッションを行わせることによって，件名や署名といったメールに必要な要素が書かれるようになることが明らかになっている（Song，2014）。よって，注意事項を提示することで，先行研究で指摘されている，書き手の名前が書かれていないといった不備は減少すると推測される。

目的

本節では，先行研究をふまえ，読み手との関係継続の予期や公的なメールに関する注意事項を提示することが，メールの文章の好ましさに与える影響を検討する。その際，作成されたメールのみならず，書き手自身の態度についても影響を検討する。

方法

実験計画　関係継続の予期の提示（なし・あり）×注意事項の提示（なし・あり）×測定時期（1回目・2回目）の3要因混合計画で行った。関係継続の予期の提示と注意事項の提示は参加者間要因，測定時期は参加者内要因であった。

参加者　大学生65名（男性19名，女性46名，18歳4ヵ月－24歳1ヵ月）が参加した。なお，本実験は事前に法政大学文学部心理学科・心理学専攻倫理委員会の了承を得た（令和元年6月19日，承認番号：19-0014）。

メール作成課題　大浦・安永（2007）を参考に，大学事務職員に対して，授業の追加登録の方法，または，奨学金の申請の方法のどちらかを問い合わせるメールを書くという課題を用意した。なお，一人の参加者はどちらか一

方のテーマについて課題を行った。

質問紙 第7章で作成した書き手の立場における好ましさ探求尺度から，返信の早さややり取りをふまえて書いているかなどの課題に合わない項目を除いた12項目（失礼さ回避因子：6項目，わかりやすさ重視因子：6項目）を用いた。また，作成するメールの文面を考えている最中とメール作成時に考えていたことを自由記述させた。その他，公的なメールの書き方に関する授業の受講経験や読書経験，インターネットでの検索の経験，最近一週間における一日あたりに読み書きするメールの通数，メールを書く際に使用する媒体，読み手との関係継続の意思を尋ねた（Appendix 8-1）。なお，読み手との関係継続の意思については，「私は，三島さんとの間に良い人間関係をもちたい。」と「私は，三島さんとの人間関係をこれからも保っていきたい。」の2項目に6件法で回答させた。この2項目は，今井（1987）の影響者との人間関係の維持について尋ねる質問項目を改変して作成した。

装置 メールの作成には，実験者が用意したメールソフト（Gmail）が使用できるPC（ディスプレイ：富士通 AROOWS Tab Q555/K64，キーボード：富士通 スリムキーボード FMV-NKB9）を用いた。ツールとしてPCを用いたのは，第7章第1節と第3節の結果から，公的なメールの作成には主にPCが使われることが示されたためである。また，教示の提示はCedrus Corporation の Super Lab 4.5を用いて行った。

手続き 実験は個別に実施した。参加者に練習セッションを行わせた後に，実験セッションに移行した。練習セッションでは，件名には「練習」，本文には「実験日は－です。」という形で実験日の年月日を書かせ，参加者のSuper Lab 4.5やメールソフトの操作，キーボードでの入力に問題がないことを確認した。

実験セッションでは，参加者には2回メール文章を書かせた（Figure 8-1）。1回目のメール作成においては，まず，Super Lab 4.5でメール作成課題を読むように教示した。教示では，書き手が問い合わせたい内容と学部事務職

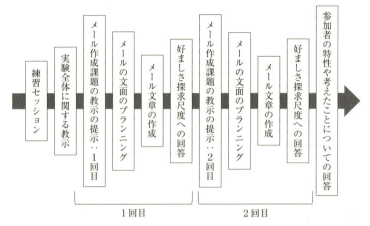

Figure 8-1. 実験手続きの流れ図。

員の名前が「三島さん」であること，メールを送るのは今回が初めてであることを示した。話題は授業の追加登録の方法の問い合わせ（Figure 8-2）と奨学金の申請方法の問い合わせ（Figure8-3）である。教示を読み終わった後，課題内容を見て確認できない状態で，作成するメールの文面を考えさせた（プランニング）。考えがまとまったと参加者が判断したら，PCを使ってメールを作成させた。このとき，事前に読ませたものと同じ課題内容を再度紙面で提示し，随時参照できる状態にした。参加者がメールを送信後，書き手における好ましさ探求尺度に回答を求めた。

　2回目のメール作成においては，条件ごとに次のような教示を追加で提示した。関係継続の予期の提示あり群では，教示の末尾に読み手である事務職員と今後も生活で関わる可能性の示唆を加えた（Figure 8-4）。なお，事務職員の性別は参加者と同性とし，追加の教示は赤字で示した。注意事項の提示あり群では，プライベートでないメールを書く際の注意点として，第7章第3節で用いた公的なメールに対する意識項目から6項目提示した（Figure 8-5）。注意事項を提示する際には，注意事項と書かれた文を赤字で示した。

第8章 提示情報がメールの産出に与える影響　131

あなたは，「一般教養1」の授業を授業登録期間に登録し忘れました。
「一般教養1」は必修で，どうしても登録しなければなりません。
あなたは，授業の追加登録の方法がわからず，困っています。

そこで，あなたは大学の学部事務にメールを書こうと思いました。
メールでは，授業の追加登録の方法を尋ねます。
メールを送る相手は，大学の学部事務の職員の三島さんです。
三島さんにメールを送るのは，今回が初めてです。
メールアドレスは，すでに入力してあります。

書き終わりましたら，送信ボタンを押してください。

Figure 8-2.　1回目のメール作成課題における，授業の追加登録の方法の問い合わせをテーマとした場合の教示。

あなたは，「勉学奨学金1」の募集要項をなくしてしまいました。
「勉学奨学金1」は，申請しないと困る奨学金です。
あなたは，奨学金の申請の方法がわからなくなり，困っています。

そこで，あなたは大学の学部事務にメールを書こうと思いました。
メールでは，奨学金の申請の方法を尋ねます。
メールを送る相手は，大学の学部事務の職員の三島さんです。
三島さんにメールを送るのは，今回が初めてです。
メールアドレスは，すでに入力してあります。

書き終わりましたら，送信ボタンを押してください。

Figure 8-3.　1回目のメール作成課題における，奨学金の申請方法の問い合わせをテーマとした場合の教示。

その後の手順は，1回目と同様である。2回目の書き手の立場における好ましさ探求尺度に回答させた後，他の質問項目に回答させた。

　各条件に対し，メール作成課題のそれぞれのテーマについてメールを作成する参加者の数と学年が均等になるように割り振った。加えて，練習セッションの後から2回目の質問紙への記入が終わるまで，参加者の手元をビデオで録画・録音した。また，産出されたメールは，本研究の目的を理解している大学院生の協力者1名と筆者で，第7章第3節で作成した読み手の立場に

132

もう一度，メールを書いてください。
以下に，先程と同じ内容が書いてあります。

あなたは，「一般教養１」の授業を授業登録期間に登録し忘れました。
「一般教養１」は必修で，どうしても登録しなければなりません。
あなたは，授業の追加登録の方法がわからず，困っています。
そこで，あなたは大学の学部事務にメールを書こうと思いました。
メールでは，授業の追加登録の方法を尋ねます。
メールを送る相手は，大学の学部事務の職員の三島さんです。
三島さんにメールを送るのは，今回が初めてです。
メールアドレスは，すでに入力してあります。

今回は，次のような追加情報があります。
メールを送る相手である三島さんは，40歳代の男性です。
三島さんは，書類作成や会議などで忙しいため，
１通のメールを読むのに長い時間はかけられません。
また，今後，ゼミの希望届けなどは，三島さんに提出するので，
卒業まで色々とお世話になります。

書き終わりましたら，送信ボタンを押してください。

Figure 8-4. ２回目のメール作成課題における，関係継続の予期の提示がある条件での教示。関係継続の予期がない場合には，『今回は，（中略）お世話になります。』を除いて提示した。また，奨学金の申請方法をテーマとした場合は，２段落目の３文『あなたは（中略）困っています。（図中の＊部分)』を Figure 8-3の該当部分に修正して用いた。なお，読み手の性別は参加者の性別と同性にし，文章中の『メールを送る（中略）お世話になります。』は，参加者の注意を引くために赤字で示した。

おける好ましさ評価尺度で評価した。なお，読み手の立場における好ましさ評価尺度は，添付ファイルの有無や返信の早さなど課題に合わない項目を除いた13項目（配慮の実感因子：７項目，適切さの実感因子：６項目）を用いた。

結果と考察

　読み手の名前を教示と異なるものにした参加者１名を除いた64名（男性19名，女性45名）を分析した。参加者の，読み手との関係継続に対する意思は，読み手との関係継続の予期を提示された場合に有意に高いことが確認された（$F(1,60) = 7.81, p < .01$）。よって，関係継続の予期について適切に操作できた

第 8 章　提示情報がメールの産出に与える影響　133

プライベートでないメールを書くときの注意事項

・件名を書く。

・相手の名前を書く。

・自分の名前を書く。

・自分の所属を書く。

・あいさつを書く。

・特殊文字（！，？，…，など）を使わない。

Figure 8-5.　2回目のメール作成課題における，注意事項の提示がある条件での教示。メール文章に関する教示のあとに表示された。なお，冒頭の「プライベートでないメールを書くときの注意事項」は，参加者の注意を引くために赤字で示した。

と判断した。また，関係継続の意思について，関係継続の予期の提示と注意事項の提示，メール作成課題のテーマ（授業の追加登録の方法・奨学金の申請方法）を要因として3要因参加者間計画の分散分析を行ったところ，関係継続の予期の主効果のみが有意であった（$F(1,56) = 7.36, p < .01$）。したがって，今後の分析においては，2種類のテーマを統合して論じる。

　メールの読み書き通数と使用媒体　はじめに，参加者が一日に読み書きするメールの通数と使用媒体について確認した。社会人のデータは，第7章第3節の結果を参照した。大学生は社会人に比べ，読むメール数と書くメール数の双方が共に少なかった（Table 8-1）。これは，本実験の参加者の内訳が1年生43名，2年生13名，3年生6名，4年生2名であり，ゼミに所属していない学部1，2年生が多かったためであると考えられる。また，アルバイト先との連絡には LINE を用いると話した学生もいたことから，大学生にとって公的なメールを書く機会は少ないといえる。使用媒体に関する質問において，「書いたことがない」と回答した学生が6名いたことについても，同様の説明ができるだろう。また，読んだ通数が最多であった学生は3年生

Table 8-1
一日あたりのメールの利用数

		読み				書き			
		M	SD	Max	Min	M	SD	Max	Min
大学生	$N=64$	2.7	3.17	20	0	1.0	1.11	5	0
社会人	$N=97$	17.7	22.56	120	1	8.3	10.59	60	0

Table 8-2
使用媒体の内訳

		スマホ		PC・タブレット		スマホ・PCの併用		書いたことがない	
		人数	%	人数	%	人数	%	人数	%
大学生	$N=64$	29	45.3	4	6.2	25	39.1	6	9.4
社会人	$N=97$	10	10.3	57	58.8	30	30.9	—	—

であり，就職活動を始めたことで，それに関するメールが多く届くようになったと語っていた。

　公的なメールの読み書きに使用する媒体では，スマホのみの使用，あるいは，スマホとPCの併用が，PCのみの使用よりも多かった（Table 8-2）。これはPCのみの利用が半数以上を占めた社会人とは異なる結果である。大学生において，スマホのみを用いる学生が45.3%存在することから，大学生にとってスマホは身近なツールであると考えられる。スマホでの文字の入力方法として用いられるフリック入力やトグル入力は，インターフェースが五十音順であり[11]，習得に負担が少ないため，大学生はスマホでの入力の際にはこれらの方法を用いやすい（長澤，2017）。これをふまえると，入力の手軽さが，スマホ利用者が多い要因の一つとなっている可能性がある。本実験にお

---

11) フリック入力とは「ひらがなの各行に相当するボタンの周囲に現れる文字を選択する方式（長澤，2017，p.69）」，トグル入力とは，「ひらがなの各行に相当するボタンを必要回数分押して文字を選択する方式（長澤，2017，p.69）」である。

第 8 章　提示情報がメールの産出に与える影響　135

Table 8-3
公的なメールの書き方の説明に関する接触経験

		受講経験		読書経験		ネット検索経験	
		人数	%	人数	%	人数	%
経験なし	度数	56	87.5	56	87.5	31	48.4
	調整済み残差		2.9**		2.9**		−5.9**
経験あり	度数	8	12.5	8	12.5	33	51.6
	調整済み残差		−2.9**		−2.9**		5.9**

いては，この点は調査していないため，可能性を指摘するのみに留める。ま
た，質問の対象は公的なメールについてのみであり，私的なメールにおける
使用媒体は尋ねていない。第 7 章第 1 節（調査 3）において，メールを作成
する際に媒体を使い分けるという記述もあったことから，大学生が場面によ
って媒体を使い分けているかどうかなども，今後の検討課題になるだろう。

　公的なメールの書き方の説明に対する接触経験　次に，公的なメールの書
き方の説明に対する接触経験として，授業を受けた経験や読書経験，インタ
ーネットでメールの書き方を検索した経験を確認した（Table 8-3）。χ^2検定の
結果，受講経験や読書経験のある学生は少ない一方で，インターネットで書
き方を検索した経験のある学生は多かった（$\chi^2(2) = 34.25$, $p < .01$, Cramer's V
$= .422$）。

　受講経験として挙げられたのは，高校の情報の授業や大学の授業であった。
大学の授業においては，1 コマを使用して説明があった場合と配布プリント
のみで学んだ場合があった。また，読書経験としては，一部にメールの書き
方を含むビジネスマナーの本や大学で配布された学習支援のためのハンドブ
ックを読んだ経験が挙げられた。最後に，インターネットでの検索経験があ
る学生は51.6% 存在した。参加者の中には，メールを書くときには検索した
ページの例文をコピーアンドペーストして用いると述べた学生もおり，例文
を探すという目的で検索されている可能性が指摘できるだろう。また，イン

Table 8-4
プランニング時間

	1 回目		2 回目	
	M	SD	M	SD
関係継続の予期なし・注意事項なし	22.6	17.78	21.5	43.71
関係継続の予期なし・注意事項あり	16.1	12.30	13.0	16.30
関係継続の予期あり・注意事項なし	22.6	23.07	26.5	23.96
関係継続の予期あり・注意事項あり	14.0	9.43	9.5	12.81

注）単位は「秒」。

ターネットで検索するということは，独学でメールの作成について学んでいる学生が多い可能性を示している。第 3 章で指摘したように，大学生もゼミの指導教員への連絡や就職活動といった場面では公的なメールを作成する必要があることをふまえると，大学生に対してメール文章の書き方を教育することは有用であるといえる。

プランニング時間　メールの文面を考えさせたプランニング時間について，関係継続の予期の提示（なし・あり）×注意事項の提示（なし・あり）×測定時期（1 回目・2 回目）の 3 要因混合計画の分散分析を行った（Table 8-4）。その結果，一次の交互作用と二次の交互作用，主効果のどれも有意ではなかった（$F_{(1,60)} = 0.37$, $n.s.$）。

メールの作成時間　メールを作成している時間について，撮影したビデオ映像が途切れていた参加者 1 名を除き，63 名のデータに対して 3 要因混合計画の分散分析を行った（Table 8-5）。その結果，一次の交互作用と二次の交互作用，主効果のどれも有意ではなかった（$F_{(1,60)} = 0.92$, $n.s.$）。なお，1 回目の作成における所要時間の最短は 161 秒（2.7 分），最長は 1232 秒（20.5 分）であり，2 回目の所要時間の最短は 156 秒（3.4 分），最長は 966 秒（18.0 分）であった。

公的なメールを書く際の注意事項　注意事項の 6 項目について，各項目が

第 8 章　提示情報がメールの産出に与える影響　137

Table 8-5
メールの作成時間

	1 回目		2 回目	
	M	SD	M	SD
関係継続の予期なし・注意事項なし	418.7	243.64	379.7	134.31
関係継続の予期なし・注意事項あり	333.8	139.38	353.0	130.15
関係継続の予期あり・注意事項なし	397.3	128.31	383.1	176.89
関係継続の予期あり・注意事項あり	358.3	205.94	378.6	180.25

注) 単位は「秒」。

Table 8-6
公的なメールを書く際の注意事項得点

	1 回目		2 回目	
	M	SD	M	SD
関係継続の予期なし・注意事項なし	4.8	1.28	4.9	1.18
関係継続の予期なし・注意事項あり	4.8	1.03	5.6	0.62
関係継続の予期あり・注意事項なし	5.0	1.13	5.1	0.96
関係継続の予期あり・注意事項あり	4.8	1.42	5.6	0.72

注) 単位は「点」。満点は 6 点である。

メールに記載されていれば 1 点，記載されていなければ 0 点として 6 点満点で注意事項得点を算出した（Table 8-6）。この算出した得点に対して 3 要因混合計画の分散分析を行ったところ，注意事項の提示と測定時期の一次の交互作用が有意であった（$F(1,60) = 10.96$, $p < .01$）。単純主効果検定の結果，2回目における注意事項の提示の単純主効果（$F(1,60) = 7.33$, $p < .01$）と，注意事項を提示した場合の測定時期の単純主効果（$F(1,31) = 17.58$, $p < .01$）が有意であった。すなわち，2 回目のメールの産出においては注意事項を提示した場合に注意事項得点が有意に高くなり，注意事項を提示した場合には 2 回目の得点が有意に高くなった。したがって，参加者は Song（2014）と同様に，提示された注意事項に則したメールを書こうとしていたことが示された。

一方で，1回目の得点がどの条件でも5点に近かったことから，今回提示した6項目は，公的なメールに書くべき要素であると，参加者に認識されていた可能性が示唆された。この結果は，大学生のメールに不備がみられたという佐藤他（2015）や関係継続の予期を提示した場合にこれらの記述が増えたという大浦・安永（2007）の指摘とは異なる。その理由として，佐藤他（2015）で分析の対象としていたメールが，所属ゼミの指導教員からのメールに対する返信であったことが考えられる。さらに，大浦・安永（2007）が用いた実験課題は道順の説明であり，読み手に対して返信を求めてはいなかった。これらとは対照的に，本実験で用いた課題は，やり取りの発端であり，かつ，問い合わせという読み手に対して返答を求めるものであった。これは，尋ねた内容に対して返答を求める点においては，ある情報の提供を求める依頼のメールと捉えることも可能である。依頼のメールにおいては，依頼前の行動として宛名や挨拶，名乗りは出現しやすい（李，2004；大友，2009）。そのため，1回目の産出の際から，注意事項として挙げた件名や宛名，名乗り等の記載が行われたと考えられる。あるいは，本実験が実験室で行われていたことや日常的な使用頻度が低いPCでの作成であったことで，畏まった言語行動が誘発された可能性もある。これについては今後の検討課題の一つとしたい。

書き手の立場における好ましさ探求尺度　Table 8-7とTable 8-8に示した，書き手の立場における好ましさ探求尺度の下位尺度得点を従属変数とした3要因混合計画の分散分析を行った。その結果，Figure 8-6とFigure 8-7に示す通り，測定時期の主効果のみが有意であった（失礼さ回避：$F(1,60) = 73.45$，$p < .01$，わかりやすさ重視：$F(1,60) = 70.88$，$p < .01$）。プランニング時や作成時に考えていたことの自由記述では，追加情報なし群では2回目のプランニング時や作成時に考えていたこととして，「1回目と変わらない」という記述も存在した。しかし，全参加者64名中17名から，2回目でメールを作成した際には，書き手における好ましさ探求尺度の項目を満たすように気を付けて

Table 8-7
失礼さ回避因子の尺度得点

	1回目 M	1回目 SD	2回目 M	2回目 SD
関係継続の予期なし・注意事項なし	4.5	0.73	5.1	0.67
関係継続の予期なし・注意事項あり	4.8	0.65	5.2	0.63
関係継続の予期あり・注意事項なし	4.7	0.65	5.0	0.64
関係継続の予期あり・注意事項あり	4.9	0.68	5.3	0.63

注）単位は「点」。

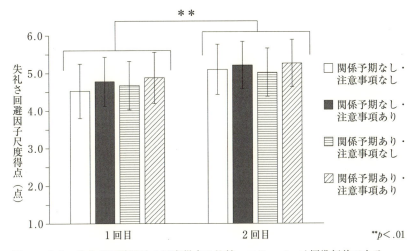

Figure 8-6. 失礼さ回避因子の尺度得点の比較。エラーバーは標準偏差である。

いたという記述が確認されており，1回目で尺度に回答させたことによって，参加者が注意を向ける箇所が尺度に適合するように変化した可能性がある。

読み手の立場における好ましさ評価尺度　産出されたメールは，本研究の目的を理解している大学院生の協力者1名と筆者によって個別に評価された。評価の際，個人情報については次のように置き換えた。参加者の名前は「●●●●」，学部や学科名は「○○学部」や「○○学科」，学籍番号は

Table 8-8
わかりやすさ重視因子の尺度得点

	1回目 M	1回目 SD	2回目 M	2回目 SD
関係継続の予期なし・注意事項なし	3.9	0.65	4.8	0.59
関係継続の予期なし・注意事項あり	4.3	0.99	4.8	0.78
関係継続の予期あり・注意事項なし	4.1	0.78	4.8	0.70
関係継続の予期あり・注意事項あり	4.4	0.67	5.0	0.64

注）単位は「点」。

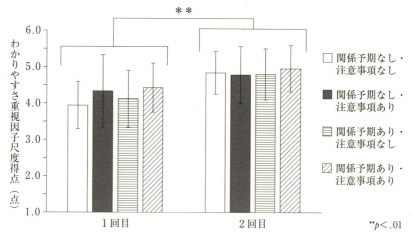

Figure 8-7. わかりやすさ重視因子の尺度得点の比較。エラーバーは標準偏差である。

「12A3456」，参加者のメールアドレスは「mail@school.ac.jp」，電話番号は「000-0000-0000」に統一した。また，評価は，すべてのメールをランダム順に並べ替えてから行った。ただし，同じ参加者の書いたメールが続けて提示されないように調整した。

評価の際に用いた読み手の立場における好ましさ評価尺度については，二つの下位尺度である配慮の実感と適切さの実感において，協力者と筆者の評

Table 8-9
配慮の実感因子の尺度得点

	1回目 M	1回目 SD	2回目 M	2回目 SD
関係継続の予期なし・注意事項なし	4.3	0.56	4.6	0.48
関係継続の予期なし・注意事項あり	4.3	0.62	4.5	0.63
関係継続の予期あり・注意事項なし	4.2	0.53	4.6	0.46
関係継続の予期あり・注意事項あり	4.5	0.44	4.7	0.39

注）単位は「点」。

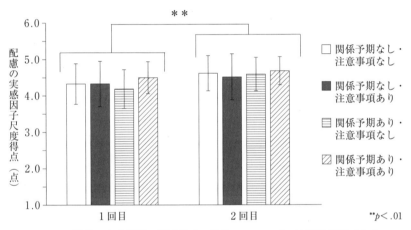

Figure 8-8. 配慮の実感因子の尺度得点の比較。エラーバーは標準偏差である。

価に中程度以上の正の相関関係がみられた（配慮の実感：$r = .62$, 適切さの実感：$r = .73$）。従属変数としては，協力者と筆者の尺度得点の平均値を採用した（Table 8-9 と Table 8-10）。3 要因混合計画の分散分析の結果，Figure 8-8 と Figure 8-9 に示す通り，測定時期の主効果のみが有意であった（配慮の実感：$F(1,60) = 36.18$, $p < .01$, 適切さの実感：$F(1,60) = 18.51$, $p < .01$）。書き手における好ましさ探求尺度と同様に，1 回目で書き手の好ましさ探求尺度に回答させたことで，2 回目の産出では書き手が尺度項目に合うようなメールを

Table 8-10
適切さの実感因子の尺度得点

	1回目 M	1回目 SD	2回目 M	2回目 SD
関係継続の予期なし・注意事項なし	4.8	0.61	5.1	0.42
関係継続の予期なし・注意事項あり	4.9	0.59	5.1	0.61
関係継続の予期あり・注意事項なし	4.9	0.52	4.9	0.55
関係継続の予期あり・注意事項あり	4.7	0.69	5.0	0.57

注）単位は「点」。

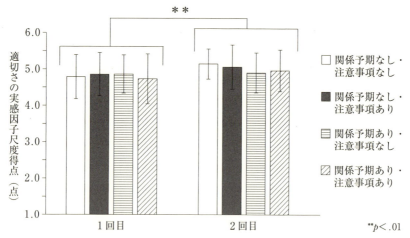

Figure 8-9. 適切さ実感因子の尺度得点の比較。エラーバーは標準偏差である。

意図して書いていた可能性が考えられる。

産出された文章の特徴　続いて，参加者が産出したメール文章を分析した。はじめに，件名についてテキストマイニングを行った。件名がないメールは，1回目で5通，2回目で1通のみであり，それ以外のすべてに件名が書かれていた（Table 8-11）。このことから，参加者の多くはメールには件名が必要であると認識していると考えられた。また，注意事項得点から示されたように，メール作成課題がやり取りの発端，かつ，依頼と捉えられるテーマであ

ったことの影響も考えられた。書かれていた件名の内訳としては，1回目は，どの条件でも「追加登録について」や「奨学金について」などメールの内容について書いたものが最も多く，合計55通が該当した。その他は，「三島さんへ」という読み手の名前を記したものが1通，「○○大学○○学部○○学科の●●です。」と書き手の名前を記したものが1通，書き手の名前と内容の双方を書いたものが2通であった。2回目も，内容について書かれたものが60通で最も多く，名前のみのものはない一方で，書き手の名前と内容の双方を書いたものが3通であった。ここから，件名を書くべきであると考えている書き手が多いことと，その件名は本文の内容に対応したものが最も多いことが明らかになった。

　次に，メールの本文に関して，テキストマイニングを行った。なお，以後の分析で用いる KH-Corder 3で正しく一語として判別されるように，本文中に出現した「宜しく」は「よろしく」，「初めまして」は「はじめまして」，「Ｉ」は「1」に表記を統一した。

　参加者の自由記述において，関係継続の予期を提示した条件では，「読み手に対して申し訳ないと感じる」，あるいは，「気遣うべきである」という記述が存在した。また，読み手に対する意識が高い場合は，低い場合よりも文字数や文数が多いという研究結果がある (Sato & Matsushima, 2006)。ここから，関係継続の予期を提示した場合には，メール文章の文字数は増えると考えられる。そこで，メールの内容に直接関与しないメールアドレスと電話番号を削除した上で，メールの本文の文字数を計算した (Table 8-12)。

　1回目のメール文章の文字数に条件間で有意差がみられなかったため，測定時期を含んだ3要因混合計画の分散分析を行った。その結果，関係継続の予期の提示と測定時期の一次の交互作用が有意であった ($F(1,60) = 9.94$, $p < .01$)。単純主効果検定を行ったところ，関係継続の予期の提示がない場合にのみ，2回目に産出された文字数が多く ($F(1,31) = 35.13$, $p < .01$)，上述のSato & Matsushima (2006) とは異なる結果となった。この結果の違いは，

144

Table
メールの件名

	1回目		
	件名なし	件名あり	
		読み手の名前	書き手の名前
関係継続の予期なし・注意事項なし（$n=16$）	1	0	0
関係継続の予期なし・注意事項あり（$n=17$）	2	1	0
関係継続の予期あり・注意事項なし（$n=15$）	2	0	1
関係継続の予期あり・注意事項あり（$n=16$）	0	0	0
合計（$N=64$）	5	1	1

注）単位は「通」。

Table 8-12
メールの本文の文字数

	1回目		2回目	
	M	SD	M	SD
関係継続の予期なし・注意事項なし	147.6	52.26	172.8	43.98
関係継続の予期なし・注意事項あり	135.8	37.96	160.1	39.22
関係継続の予期あり・注意事項なし	170.3	49.46	163.5	49.53
関係継続の予期あり・注意事項あり	146.3	64.10	158.9	67.80

注）単位は「字」。

実験の課題内容が影響したと考えられる。Sato & Matsushima（2006）では，読み手が図形を正しく描写できるような説明文章を書くことを目指していた。そのため，読み手を意識するとより詳細な説明が増え，文字数が多くなったと推察される。他方，本実験の課題は問い合わせであり，参加者は読み手に内容の理解と返答を求める文章を書くことが求められた。関係継続の予期を提示した条件において，自由記述に「忙しい中ですぐ読める分量にする」といった回答がみられたことから，関係継続の予期を提示された参加者は，読

8-11
の種類

| | | | 2回目 | | | |
| | | | | 件名あり | | |
メールの内容	名前+内容	件名なし	読み手の名前	書き手の名前	メールの内容	名前+内容
15	0	0	0	0	16	0
14	0	0	0	0	17	0
10	2	0	0	0	12	3
16	0	1	0	0	15	0
55	2	1	0	0	60	3

み手が多忙な人間であることを考慮して，メールの文字数を意図的に増やさないようにしていた可能性が示唆された。

　また，参加者の産出したメール文章の特徴を検討するため，樋口（2017a）を参考に，KH-Corder 3を用いて各条件における特徴語を抽出した。特徴語とは，各条件における文章に出現する語の中でJaccard 係数の大きいものを指す。Jaccard 係数とは，ある要素Aと要素Bの双方を含む文書の数を，要素Aあるいは要素Bのどちらかを含む文書の数で割って得られた数字である（樋口，2017b）。ある語CのJaccard 係数をKH-Corder3で求める場合には，文章が持つ要素と語Cの共起関係が算出される。すなわち，「質問」という語のJaccard 係数は，「関係継続の予期も注意事項も提示されない条件で書かれたメール文章」という要素を持ち，かつ，「質問」という語を含む文書の数を，その要素，または，「質問」という語のどちらかを持つ文書の数を割ることで得られる。本研究においては，分析の対象となる文書が個別のメール文章であることと，単純な出現回数ではなく条件と語との共起関係を表すことから，メール文章の特徴をより捉えられると考え，Jaccard 係数を算出した。

146

Table
各条件で産出されたメール

	測定時期	
関係継続の予期なし・注意事項なし ($n = 16$)	1回目	質問（.211） 学科（.140）
	2回目	メール（.192） お忙しい（.143）
関係継続の予期なし・注意事項あり ($n = 17$)	1回目	お手数（.148） 学部（.133）
	2回目	学科（.163） 科目（.156）
関係継続の予期あり・注意事項なし ($n = 15$)	1回目	聞く（.200） 申す（.151）
	2回目	今後（とも）（.222） 迷惑（.200）
関係継続の予期あり・注意事項あり ($n = 16$)	1回目	教える（.135） 聞く（.121）
	2回目	お忙しい（.180） 今後（とも）（.150）

注）特徴語は，左上段が最上位であり，以下降順に並んでいる。（　）の中の数値は Jaccard 係数

　各条件において Jaccard 係数の上位5語を特徴語として抽出すると，1回目の産出においては，どの条件でも「質問」や「お尋ね」，「聞く」，「教える」といった問い合わせという内容に関わる表現がみられた（Table 8-13）。2回目の産出においては，注意事項のみを提示した場合には，「学科」や「学部」という書き手の所属に関わる語が特徴語としてみられた一方で，1回目に存在した「お手数」や「申し訳（ない）」といった語は除外された。これとは対照的に，関係継続の予期のみを提示した場合には，「今後（とも）」という関係が継続することを直接的に表す語や，「お忙しい」や「ご迷惑」という読み手の状況を慮る語が特徴語としてみられた。さらに，どちらの情

第8章 提示情報がメールの産出に与える影響　147

8-13
文章の特徴語上位5語

特徴語	
お尋ね（.167） はじめまして（.138）	（お手数を）おかけ（.143）
送る（.148） （お手数を）おかけ（.143）	教える（.148）
申し訳（ない）（.146） 科目（.130）	よろしくお願い（します）（.134）
期間（.161） 学部（.153）	（よろしくお願い）致す（.158）
分かる（.185） 返信（.148）	事務（.152）
お忙しい（.203） 思う（.184）	聞く（.200）
申請（.129） 申す（.118）	方法（.124）
お世話（になって）（.174） よろしくお願い（します）（.147）	こんにちは（.167）

である。

　報も提示された場合には，関係継続の予期を反映した「お忙しい」や「今後
とも」に加え，挨拶を書くようにという注意事項を反映した「お世話（にな
っております）」や「こんにちは」が特徴語としてみられた。これらの結果か
ら，提示された情報の種類によって，産出されるメール文章で使用される語
は異なることが明らかになった。
　そこで，大浦・安永（2007）を参考に，読み手への配慮を表す表現である
「よろしくお願いします／よろしくお願いいたします／よろしくお願い致し
ます／よろしくお願い申し上げます」と「お忙しいところ／お忙しい中」，
「申し訳ない／すみません」，「お手数をかける」という4種類の表現が出現

148

Table
各表現の

	「よろしくお願いします」他	
	1 回目	2 回目
関係継続の予期なし・注意事項なし （$n=16$）	8(50.0)	12(75.0)
関係継続の予期なし・注意事項あり （$n=17$）	13(76.5)	14(82.4)
関係継続の予期あり・注意事項なし （$n=15$）	9(60.0)	14(93.3)
関係継続の予期あり・注意事項あり （$n=16$）	9(56.3)	14(87.5)

注）（ ）内はその条件における出現通数の割合を，「↑」はその表現の出現通数が有意に上昇した

したメールの数について，対数線形モデルを適用して検討した。はじめに，関係継続の予期の提示，注意事項の提示，測定時期という三つの要因の間に関連があり，かつ，三つの要因すべてが出現数に影響していると仮定した飽和モデルに当てはめて適合度を検討した。その結果，検討したどの表現においても，一次，あるいは，二次の交互作用は有意ではなかった。これを受けて，三つの要因は個別にメールに影響を及ぼしていると考え，三要因の独立モデルに当てはめたところ，「お忙しいところ／お忙しい中」のみ，提示時期の主効果が有意であった（モデルの適合度：$\chi^2(4)=3.899$, $p=.42$，時期：ポスト $u=.94$, $z=3.19$, $p<.01$）。これはすなわち，2回目に産出されたメールにおいて，「お忙しいところ／お忙しい中」という表現が，1回目よりも有意に多く出現したといえる（Table 8-14）。条件に関係なく，この表現の増加が確認されたことから，書き手の立場における好ましさ探求尺度の「相手への配慮を表す言葉を書く」という項目が，2回目の産出に影響した可能性が考えられる。一方で，関係継続の予期を提示した場合には，「お忙しいところ／お忙しい中」とほとんどの参加者が書いている。先述したように，関係継続の予期を提示した群の参加者は，読み手が忙しいという点に着目しており，そのことがメールに使用する表現にも反映されたと推察される。このような読み手の多忙に対する言葉かけは，他者の領域を侵害することに対する配慮

第8章　提示情報がメールの産出に与える影響　149

8-14
出現通数

「お忙しいところ／中」		「申し訳ない／すみません」		「お手数をかける」	
1回目	2回目	1回目	2回目	1回目	2回目
5(31.3)	9(56.3)↑	5(31.3)	4(25.0)	6(37.5)	6(37.5)
6(35.3)	8(47.1)↑	7(41.2)	7(41.2)	8(47.1)	7(41.2)
2(13.3)	13(86.7)↑	2(13.3)	8(53.3)	4(26.7)	3(20.2)
3(18.8)	11(68.8)↑	3(18.8)	5(31.3)	6(37.5)	5(31.3)

ことを示す。

の一つである（太田, 2015）。すなわち，読み手からネガティブな評価を受けることを回避する行動であり，これは第6章や第7章の結果と一致している。

第2節　提示情報が文章の好ましさに与える影響（実験2）[12][13]

目的

　実験1では，1回目のメールを書いた後に，書き手の立場における好ましさ探求尺度に回答させたことで，尺度の項目を満たすように，参加者が2回目のメールの文章を変えていた可能性が指摘された。そのため，実験2では，書き手の立場における好ましさ探求尺度への回答を手続きから除き，改めて，関係継続の予期の提示と注意事項の提示が書き手に及ぼす影響を検討した。

方法

　実験計画　関係継続の予期の提示（なし・あり）×注意事項の提示（なし・あり）×測定時期（1回目・2回目）の3要因混合計画で行った。関係継続の予期の提示と注意事項の提示は参加者間要因，測定時期は参加者内要因であ

---

12) 本節は「菊池 理紗（2022）. 提示情報がメールの産出に与える影響——好ましさと特徴語に着目して——　日本教育心理学会第64回大会発表論文集」に加筆・修正した。

13) なお，本実験は，博士課程修了後に，法政大学の2021年度「若手研究者共同研究プロジェクト」の助成を受けて行ったものである。

った。

参加者 大学生29名（男性9名，女性20名，18歳5ヵ月－24歳1ヵ月）が参加した。なお，本実験は事前に法政大学文学部心理学科・心理学専攻倫理委員会の了承を得た（令和3年7月8日，承認番号：21-0025）。

メール作成課題 実験1と同一の課題を用いた。

質問項目 実験1で用いた質問紙の質問項目から，書き手の立場における好ましさ探求尺度のみを除いて用いた。すなわち，メールの文面を考えている最中とメール作成時に考えていたこと，公的なメールの書き方に関する授業の受講経験や読書経験，インターネットでの検索の経験，最近一週間における一日あたりに読み書きするメールの通数，メールを書く際に使用する媒体，読み手との関係継続の意思を尋ねた（Appendix 8-1）。なお，これらの質問項目はグーグルフォームを用いて回答させた。

装置 オンラインで実験を行ったため，メールの作成には，参加者に，Gmail と zoom が使用できる，インターネットに接続された PC を準備させ，それを用いた。また，教示の提示は zoom の画面共有機能を用いて行った。

手続き 実験は，実験1と同様に，個別に実施した。参加者に練習セッションを行わせた後に，実験セッションに移行した。練習セッションでは，件名には「練習」，本文には「実験日は―です。」という形で実験日の年月日を書かせ，参加者の教示文の読了やメールソフトの操作，キーボードでの入力に問題がないことを確認した。

実験セッションでは，参加者に2回メール文章を書かせた。1回目のメール作成においては，まず，zoom の画面共有で教示文を共有し，メール作成課題を読ませた。教示は，実験1と同一のものにメールの送信先のアドレスを追加したものを使用した。教示を読み終わった後，課題内容を見て確認できない状態で，作成するメールの文面を考えさせた（プランニング）。考えがまとまったと参加者が判断したら，Gmail を起動させ，メールを作成させた。このとき，事前に読ませたものと同じ課題内容を，再度画面共有で提示し，

随時参照できる状態にした。

　2回目のメール作成においては，条件ごとに実験1と同様に教示を追加で提示した。なお，関係継続の予期を提示する教示については，実験1において，関係継続の予期と関わりのない「三島さんは，書類作成や会議などで忙しいため，1通のメールを読むのに長い時間はかけられません。」という部分に注意が集まっていたことをふまえ，同文を関係継続の予期をより強めるように「三島さんは，窓口に一番近い席に座っていて，事務に行くと対応してくれることが多い人です。」と修正した。その後の手順は，1回目と同様である。最後に，参加者の特性や考えたことについて，グーグルフォームにて回答させた。

　各条件に対し，メール作成課題のそれぞれのテーマについてメールを作成する参加者の数と学年が均等になるように割り振った。加えて，練習セッションの後から2回目のメールの作成が終わるまで，zoom の画面を録画・録音した。また，産出されたメールは，実験1と同様に，本研究の目的を理解している大学院生の協力者1名と筆者で，課題に合わない項目を除いた読み手の立場における好ましさ評価尺度（13項目）で評価した。

結果と考察

　参加者29名（男性9名，女性20名）から得られたすべてのデータについて分析を行った。読み手との関係継続に対する参加者の意思は，読み手との関係継続の予期を提示された場合に有意に高いことが確認された（$F(1,27) = 11.82, p < .01$）。よって，関係継続の予期について適切に操作できたと判断した。また，関係継続の意思について，関係継続の予期の提示と注意事項の提示，メール作成課題のテーマ（授業の追加登録の方法・奨学金の申請方法）を要因として3要因参加者間計画の分散分析を行ったところ，関係継続の予期の主効果のみが有意であった（$F(1,21) = 10.32, p < .01$）。したがって，今後の分析においては，2種類のテーマを統合して論じる。

Table 8-15
一日あたりのメールの利用数

		読み				書き			
		M	SD	Max	Min	M	SD	Max	Min
実験1	$N=65$	2.7	3.17	20	0	1.0	1.11	5	0
実験2	$N=29$	0.7	22.56	5	0	0.4	0.59	2	0

Table 8-16
使用媒体の内訳

		スマホ・携帯電話		PC・タブレット		スマホ・PCの併用		書いたことがない	
		人数	%	人数	%	人数	%	人数	%
実験1	$N=65$	29	45.3	4	6.2	25	39.1	6	9.4
実験2	$N=29$	7	24.1	6	20.7	16	55.1	0	0

メールの読み書き通数と使用媒体　はじめに，参加者が一日に読み書きするメールの通数と使用媒体について確認した結果，読む通数と書く通数の双方が，実験1よりも少なかった（Table 8-15）。本実験は，実験1の約1年後の同時期に行い，かつ，参加者の学年も1年生16名，2年生10名，3年生2名，4年生1名と，実験1と同様に学部1，2年生が多い。それにも関わらず，通数が1日1通にも満たなかったのは，本実験で通数を尋ねる際に「やり取りをするメール」と限定したことが影響した可能性がある。特に，複数の参加者から「受信するプライベートでないメールは，大学の授業支援システムから自動送信されるお知らせメールで，それ以外のメールは来ない」という発言があったことから，大学生にとって，メールを使った公的な場面のやり取りは身近なものではないと推察された。

公的なメールの読み書きに使用する媒体では，実験1とは異なり，スマホとPCの併用が最も多かった（Table 8-16）。これは，COVID-19の影響によりオンライン授業やオンデマンド授業が増えたことで，PCを利用する機会が実験1の際よりも増えた可能性が考えられる。しかし，本実験においては

第 8 章　提示情報がメールの産出に与える影響　153

Table 8-17
公的なメールの書き方の説明に関する接触経験

		受講経験		読書経験		ネット検索経験	
		人数	%	人数	%	人数	%
経験なし	度数	27	93.1	29	100.0	6	20.7
	調整済み残差	3.2**		4.2**		−7.4**	
経験あり	度数	2	6.9	0	0.0	23	79.3
	調整済み残差	−3.2**		−4.2**		7.4**	

この点は調査を行っていないため，可能性の指摘のみに留める。社会情勢と媒体の使用傾向の関係性については，今後，長期的なデータを基に検討していく必要があるだろう。

　公的なメールの書き方の説明に対する接触経験　次に，公的なメールの書き方の説明に対する接触経験として，授業を受けた経験や読書経験，インターネットでメールの書き方を検索した経験を確認した（Table 8-17）。χ^2検定の結果，実験1と同様に，受講経験や読書経験のある学生は少ない一方で，インターネットで書き方を検索した経験のある学生は多かった（$\chi^2(2) = 54.67$, $p < .01$, Cramer's $V = .793$）。

　受講経験のある2名は，大学の授業で，1コマ分の授業として扱われたと述べていた。また，インターネットでの検索経験がある参加者は，「大学生　メール　書き方」や「教授にメールを送る際の注意点」などで検索したと回答していた。これらのことから，学生は，主にインターネットを用いて，メールの作成について独学で学んでいると推察された。

　プランニング時間　メールの文面を考えさせたプランニング時間について，関係継続の予期の提示（なし・あり）×注意事項の提示（なし・あり）×測定時期（1回目・2回目）の3要因混合計画の分散分析を行った（Table 8-18）。その結果，関係継続の予期の提示と測定時期の間に一次の交互作用がみられた（$F(1,25) = 5.59$, $p < .05$）。単純主効果検定の結果，関係継続の予期の提示がな

Table 8-18
プランニング時間

	1回目		2回目	
	M	SD	M	SD
関係継続の予期なし・注意事項なし	42.3	34.88	16.4	18.25
関係継続の予期なし・注意事項あり	48.1	18.75	23.4	16.33
関係継続の予期あり・注意事項なし	31.3	23.71	22.4	14.88
関係継続の予期あり・注意事項あり	43.6	24.09	44.6	30.47

注) 単位は「秒」。

い条件において、1回目よりも2回目の方が、プランニング時間が有意に短かった（$F(1,12) = 9.69, p < .01$）。2回目のプランニングの際に考えていたことに関する参加者の自由記述を見ると、関係継続の予期の提示のない条件の参加者は、「1回目のときと同じように」、「（1回目のメールに）何を加えればいいか」などと書いており、2回目の作成の際には、既に書いたメールを踏襲しようと考えていたと推察された。反対に、関係継続の予期の提示がある条件の参加者は、「さらに相手への配慮をするためにはどのような文面を作成すればいいのか」、「これからの関係に繋がるように書きたい」と書いていたことから、関係継続の予期を提示されたことで、メールの文章を改めて考えたため、プランニング時間が1回目と変わらなかった可能性が示唆された。

　メールの作成時間　メールを作成している時間について、プランニング時間と同様に3要因混合計画の分散分析を行った（Table 8-19）。その結果、1回目よりも2回目の方が、作成時間が短かった（$F(1,25) = 27.57, p < .01$）。なお、1回目の作成における所要時間の最短は197秒（3.3分）、最長は580秒（9.7分）であり、2回目の所要時間の最短は130秒（2.2分）、最長は476秒（7.9分）であった。参加者の自由記述を見ると、2回目の作成時において、プランニングと同様に「1回目で大体の内容を書いていたので、文面を考える必要がなく楽」、「先程の文章で直すべきところがないか」など書かれていたこ

第 8 章　提示情報がメールの産出に与える影響　155

Table 8-19
メールの作成時間

	1 回目		2 回目	
	M	SD	M	SD
関係継続の予期なし・注意事項なし	325.3	97.22	203.3	91.72
関係継続の予期なし・注意事項あり	400.1	92.72	315.4	40.26
関係継続の予期あり・注意事項なし	351.7	133.80	304.7	118.35
関係継続の予期あり・注意事項あり	349.8	63.64	289.5	95.45

注) 単位は「秒」。

Table 8-20
公的なメールを書く際の注意事項得点

	1 回目		2 回目	
	M	SD	M	SD
関係継続の予期なし・注意事項なし	4.9	1.07	5.1	1.18
関係継続の予期なし・注意事項あり	6.0	0.00	6.0	0.00
関係継続の予期あり・注意事項なし	5.4	0.53	5.3	0.49
関係継続の予期あり・注意事項あり	5.4	0.52	5.8	0.46

注) 単位は「点」。満点は 6 点である。

とから，既に書いたメールを直すという発想で書いていた可能性がある。また，「敬語はあっているか」，「誤字のないようにする」といった形式面に言及した参加者が多く存在することから，メールを作成する際には，言葉遣いや誤字脱字に注意をより向けていたと考えられる。

　公的なメールを書く際の注意事項　注意事項の 6 項目について，各項目がメールに記載されていれば 1 点，記載されていなければ 0 点として 6 点満点で注意事項得点を算出した（Table 8-20）。1 回目の得点において，関係継続の予期の提示と注意事項の提示を要因とした 2 要因参加者間分散分析を行ったところ，一次の交互作用が有意であった（$F(1,25) = 6.19$, $p < .01$）。単純主効果検定の結果，関係継続の予期の提示がない場合に注意事項の提示の主効

果がみられた（$F(1,25)=10.94$, $p<.01$）。すなわち，2回目に関係継続の予期の提示がない場合に，注意事項の提示を行う群の得点が，提示を行わない群よりも1回目のメールの得点が有意に高かった。しかし，この結果は，注意事項のみを提示する群において1回目の注意事項得点が全員6点であったことが原因であると考えられる。注意事項得点は6点が満点であることから，注意事項のみを提示する群の得点が2回目に上がることはなく，この得点からでは注意事項を提示した効果が検証できない。また，実験1と同様に1回目から高得点であった理由も明らかでないため，この結果については，今後，新たな実験を計画し，再検討する必要があるだろう。

読み手の立場における好ましさ評価尺度 産出されたメールは，本研究の目的を理解している大学院生の協力者1名と筆者によって個別に評価された。評価の際の個人情報の書き換えと評価順については，実験1と同一の手順で行った。

評価の際に用いた読み手の立場における好ましさ評価尺度については，二つの下位尺度である配慮の実感と適切さの実感において，協力者と筆者の評価に強いの正の相関関係がみられた（配慮の実感：$r=.72$, 適切さの実感：$r=.79$）。従属変数としては，協力者と筆者の尺度得点の平均値を採用した（Table 8-21と Table 8-22）。3要因混合計画の分散分析の結果，Figure 8-10と Figure 8-11に示す通り，配慮の実感因子では，二次の交互作用，一次の交互作用，主効果のどれも有意ではなかった（$F(1,25)=0.08$, $n.s.$）。適切さの実感因子では，測定時期の主効果のみが有意であった（$F(1,25)=8.48$, $p<.01$）。プランニングやメール作成時に考えていたことに対する参加者の自由記述にも，2回目の作成時には改行の有無や内容のわかりやすさといった適切さ実感因子に関する事項に注意を向けたことが示されていた。ここから，同じ課題についてメールを2回作成したことにより，参加者が適切さに関する事項に意識的に注意を向けていた可能性が示唆された。

産出された文章の特徴 続いて，参加者が産出したメール文章を分析した。

第 8 章　提示情報がメールの産出に与える影響　　157

Table 8-21
配慮の実感因子の尺度得点

	1回目 M	1回目 SD	2回目 M	2回目 SD
関係継続の予期なし・注意事項なし	4.4	0.64	4.4	0.42
関係継続の予期なし・注意事項あり	4.8	0.47	4.8	0.52
関係継続の予期あり・注意事項なし	4.6	0.87	4.8	0.61
関係継続の予期あり・注意事項あり	4.8	0.66	5.0	0.59

注）単位は「点」。

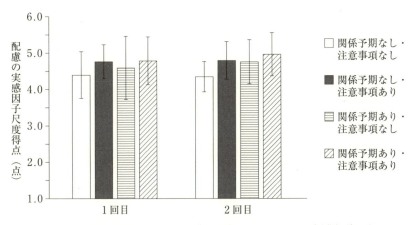

Figure 8-10.　配慮の実感因子の尺度得点の比較。エラーバーは標準偏差である。

　はじめに，件名についてテキストマイニングを行った（Table 8-23）。件名がないメールは，1回目も2回目も1通のみであり，それ以外のすべてに件名が書かれていた。書かれていた件名の内訳としては，1回目は，実験1と同様に，メールの内容について書いたものが最も多く，合計22通が該当した。その他は，「大学事務の三島様へ」という読み手の名前を記したものが1通，「○○大学○○学部○○学科○年の●●●●です。」と書き手の名前を記したものが1通，書き手の名前と内容の双方を書いたものが4通であった。

　2回目も，内容について書かれた件名が24通で最も多く，書き手の名前の

Table 8-22
適切さの実感因子の尺度得点

	M	SD	M	SD
関係継続の予期なし・注意事項なし	4.8	0.64	4.9	0.45
関係継続の予期なし・注意事項あり	5.3	0.48	5.3	0.48
関係継続の予期あり・注意事項なし	4.9	1.04	5.2	0.97
関係継続の予期あり・注意事項あり	4.8	0.86	5.2	0.77

注）単位は「点」。

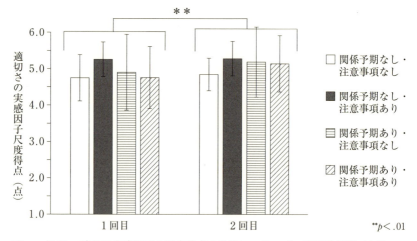

Figure 8-11. 適切さ実感因子の尺度得点の比較。エラーバーは標準偏差である。

みのものが1通，書き手の名前と内容の双方を書いたものが3通であった。これは，件名を書くべきであると考えている書き手が多いことと，その件名は本文の内容に対応したものが最も多いという実験1の結果を支持していた。

次に，メールの本文に関して，テキストマイニングを行った。メールの内容に直接関与しないメールアドレスと電話番号を削除した上で，メールの本文の文字数を計算した（Table 8-24）。1回目のメール文章の文字数について，注意事項の提示を行った条件の方が，有意に得点が高かったため（$F(1,25) = 5.35, p < .01$），2回目のメールの文字数から1回目のメールの文字数を引い

第 8 章　提示情報がメールの産出に与える影響　　159

た変化量を算出した。その変化量について関係継続の予期の提示と注意事項の提示を要因とした 2 要因参加者間分散分析を行った結果，関係継続の予期の提示の主効果がみられた（$F_{(1,25)} = 35.62$, $p < .01$）。すなわち，関係継続の予期の提示を行った条件において，有意に文字数が変動した。関係継続の予期の提示を行った条件では，2 回目の文字数が30文字程度増加していることをふまえると，読み手に対する意識が高い場合は，低い場合よりも文字数や文数が多いという Sato & Matsushima（2006）の結果を支持する結果となった一方で，実験 1 とは異なる結果となった。実験 1 では，教示文に読み手が忙しいことを示す文章が書かれていたため，メールの文字数を意図的に増やさないようにしていた可能性が指摘されている。このような結果の違いと教示の違いについては，今後の新たな実験を積み重ねる中で検討していく必要がある。

　また，参加者の産出したメール文章の特徴を検討するため，樋口（2017a）を参考に，KH-Corder 3を用いて各条件における特徴語を抽出した。各条件において Jaccard 係数の上位 5 語を特徴語として抽出すると，1 回目の産出においては，実験 1 と同様に「質問」や「困る」，「分かる（メール内では「分からない」という形で出現）」といった問い合わせという内容に関わる表現がみられた（Table 8-25）。2 回目の産出においては，注意事項のみを提示した場合には，「こんにちは」という挨拶がみられた。また，関係継続の予期のみを提示した場合には，「お世話（になっております）」という挨拶や「お忙しいところ」や「恐縮」という読み手の状況を慮る語が特徴語としてみられた。一方で，どちらの情報も提示された場合には，関係継続の予期を反映した「今後（とも）」や，メールの送信意図を示す際に用いられる「本日」，「送る」，「突然」といった語が特徴語としてみられた。注意事項がメールの文章に反映されなかったのは，注意事項得点が 1 回目から満点であったことが影響している可能性がある。これについても，今後，改めて検討する必要があるだろう。

Table
メールの件名

| | 1回目 | | |
| | 件名なし | 件名あり | |
		読み手の名前	書き手の名前
関係継続の予期なし・注意事項なし（$n=7$）	1	1	0
関係継続の予期なし・注意事項あり（$n=7$）	0	0	0
関係継続の予期あり・注意事項なし（$n=7$）	0	0	1
関係継続の予期あり・注意事項あり（$n=8$）	0	0	0
合計（$N=29$）	1	1	1

注）単位は「通」。

Table 8-24
メールの本文の文字数

| | 1回目 | | 2回目 | |
	M	SD	M	SD
関係継続の予期なし・注意事項なし	130.7	32.71	134.1	35.40
関係継続の予期なし・注意事項あり	185.1	42.38	180.0	38.18
関係継続の予期あり・注意事項なし	154.9	64.98	183.1	63.66
関係継続の予期あり・注意事項あり	181.6	43.28	211.3	52.37

注）単位は「字」。

第3節　本章のまとめ

　本章では，公的なメールにおける提示情報と好ましさの関係性について二つの実験を通して検討した。実験1と実験2の双方において，読み手を大学事務職員とし，授業の追加登録の方法，あるいは，奨学金の申請の方法についての問い合わせのメールを参加者に2回書かせた。参加者が2回目のメールを作成する際に，追加情報として，1回目の教示に加えて，読み手との関

8-23
の種類

メールの 内容	名前 +内容	件名なし	2回目			
			件名あり			
			読み手の 名前	書き手の 名前	メールの 内容	名前 +内容
5	0	1	0	0	6	0
6	1	0	0	0	7	0
6	0	0	0	1	6	0
5	3	0	0	0	5	3
22	4	1	0	1	24	3

係継続の予期，または，公的なメールを作成する際の注意事項を提示した。また，メールにまつわる経験を尋ねるフェイスシートに回答させた。産出されたメールに対しては，協力者１名と筆者で読み手の立場における好ましさ評価尺度で評価を行った。なお，実験１においては，上記の手順に加えて，書き手に対し，メールの送信後に書き手の立場における好ましさ探求尺度に回答するように教示した。

　参加者の特性についての結果から，大学生が公的なメールを書く頻度は低く，書く場合の使用媒体としてスマホも用いられることが明らかになった。これは，本実験の参加者に学部１，２年生が多かったことが影響していると考えられる。３年生以上の学生は，実験１と実験２の合計11名中８名がPCとスマホを併用すると回答していることから，本実験時にはスマホのみを使用すると回答した学生も，今後，PCを用いてメールを書く可能性がある。加えて，メール文章の作成については，授業やマナー本などではなく，インターネットを用いて学んでいる学生が多いことが示された。これらのことから，大学生に対して公的なメール文章の書き方を教えることは有用であると考えられた。

Table
各条件で産出されたメール

	測定時期	特徴語
関係継続の予期なし・注意事項なし ($n = 16$)	1回目	お忙しい（.222） 奨学（.143）
	2回目	（迷惑を）掛ける（.250） 何卒（.154）
関係継続の予期なし・注意事項あり ($n = 17$)	1回目	よろしくお願い致します（.231） 場合（.222）
	2回目	よろしくお願い致します（.231） こんにちは（.200）
関係継続の予期あり・注意事項なし ($n = 15$)	1回目	困る（.286） 恐縮（.188）
	2回目	お世話（になっています）（.313） 紛失（.214）
関係継続の予期あり・注意事項あり ($n = 16$)	1回目	質問（.273） 幸い（.208）
	2回目	本日（.333） 送る（.250）

注) 特徴語は，左上段が最上位であり，以下降順に並んでいる。（ ）の中の数値は Jaccard 係数

　メール文章に対するプランニング時間やメールの作成時間については，実験1では条件間で差がみられなかった一方で，実験2では2回目において時間が短くなっていた。これについて，参加者の自由記述では，実験1では複数の参加者が書き手における好ましさ探求尺度の項目を満たすように気を付けていたと記述され，実験2では関係継続の予期の提示がない条件において「1回目と同じように」という記述がみられた。これらの記述から，実験2の関係継続の予期の提示がない条件の参加者は，1回目のメール文章を踏襲することを念頭に置いてプランニングを行っていた可能性が示唆された。
　注意事項得点については，実験1の3要因混合計画の分散分析の結果から

8-25
文章の特徴語上位5語

よろしくお願いいたします（.167） 申し込む（.143）	思う（.154）
お忙しい（.222） 思う（.154）	よろしくお願いいたします（.167）
可能（.231） 先日（.222）	よろしくお願いします（.222）
場合（.222） 恐れ入る（.200）	先日（.222） 助かる（.200）
はじめまして（.217） 仕方（.182）	紛失（.214）
お忙しいところ（.263） 恐縮（.188）	今回（.250）
失礼（.263） 職員（.200）	分かる（.238）
分かる（.300） 突然（.250）	今後（.273）

である。

は，注意事項を提示した場合にはそれをメールに反映させることが示された。よって，ある情報が提示された場合には，メール文章が質的に異なる可能性が示唆された。加えて，実験1・実験2共に先行研究とは異なり，1回目からメールの形式上の不備が少なかったことから，メール作成課題のテーマが件名や宛名，氏名の記載に影響したと考えられた。

　実験1では，書き手の立場における好ましさ探求尺度得点と読み手の立場における好ましさ評価尺度得点について，関係継続の予期の提示と注意事項の提示，測定時期を要因とした3要因混合計画の分散分析を行った。その結果，どちらの尺度の下位尺度においても，測定時期の主効果のみが有意であ

った。すべての条件において尺度得点が上昇したことと，参加者の自由記述の内容から，書き手の立場における好ましさ探求尺度が影響を与えた可能性が考えられた。すなわち，参加者は1回目と2回目において異なる点に注意を向けていた可能性が考えられた。そこで，実験2では，書き手の立場における好ましさ探求尺度への回答を手続きから除いたところ，読み手の立場における好ましさ評価尺度得点は，適切さの実感因子で測定時期の主効果のみがみられた。参加者の自由記述より，2回目のメール作成の際には，改行や内容のわかりやすさなどの「適切さ」に関する点に注意が向けられていたことが示されたため，同じ課題で2回メールを作成したことが影響している可能性が示唆された。

　また，参加者の自由記述から質的な違いが示唆されたため，産出されたメール文章に対してテキストマイニングを行った。件名については，ほとんどの参加者が内容に関することを記載していた。他方，メールの本文の文字数を検討したところ，実験1では，関係継続の予期を提示しない場合に2回目の産出で文字数が増加していた。しかし，教示を変更した実験2では，Sato & Matsushima（2006）と同様に，関係継続の予期の提示を行った条件において2回目の産出で文字数が増加した。実験1において，関係継続の予期を提示した場合に文字数が増加しなかった理由としては，自由記述の内容から，提示情報の中の読み手が多忙であるという部分を反映していると考えられた。このような教示と文字数の関係性については，今後，実験を重ねていく中で検討していく必要があるだろう。

　さらに，KH-Coder 3を用いて各条件のメール文章における特徴語を抽出した結果，提示した情報の種類によってメール文章で使用される語が異なることが示された。そこで，4種類の配慮を表す表現が出現したメールの数について検討したところ，実験1において，「お忙しいところ／お忙しい中」という表現のみ2回目の産出における出現通数が増加していた。これについても，読み手が忙しいときに邪魔をすることに対する配慮と捉えられ，読み

手からのネガティブな評価を回避するという第6章や第7章でみられた結果と一致する結果が得られた。

　本実験の今後の展開としては，まず，読み手・書き手のそれぞれの立場における尺度得点に条件間の有意差がみられなかった原因の検討を行う。実験2の結果より，書き手の立場における好ましさ探求尺度の評定は，配慮の実感因子に影響を与える可能性が考えられる一方で，その影響は測定時期との相互作用である可能性も指摘できる。1回目のメールから注意事項を網羅するメールを書けている参加者が多く存在したこともふまえて，今後，新たな実験計画を立案し，検討していく必要があるだろう。

　あるいは，書き手の立場における好ましさ探求尺度ではなく，読み手の立場における好ましさ評価尺度を用いて，参加者に自身が書いたメール文章を自己評価させるといった方法も考えられる。評価観点を示すことは，文章の質の向上に影響する（井口, 2008, 2011）。よって，書き手と読み手に同じ観点から評価を行わせることで，書き手が適切な自己モニタリングを行えているかの検討も可能だろう。仮に，これらの尺度に回答することが参加者の作成するメール文章の好ましさの向上に影響するのであれば，尺度への回答を書き手への指導方法の一つとして示せるだろう。

　次に，本実験では，同じテーマについてメールを2回書かせていたことにより，推敲を行うことを言外に要求していた可能性が考えられる。書き手が個人で推敲を行う場合，語句の訂正や語句の追加，新しい内容の追加が起きやすい（石井・三輪・向後, 1998；大濱・佐藤, 2016）。実験1・実験2の双方において，推敲によって追加された表現や内容が読み手への配慮や適切さに関係しており，その結果として読み手の立場における好ましさ評価尺度得点が上昇した可能性がある。したがって，推敲の効果を検討するために，参加者に対し，推敲の有無を尋ねる，あるいは，意図的に推敲を行わせるという操作を行うことが考えられる。他には，1回目と2回目で課題のテーマを変えることも可能である。この場合は，測定時期は独立変数から除外し，関係継

続の予期の提示と注意事項の提示のみを要因として扱うこととする。これに
よって，参加者内比較は行えなくなる反面，情報の影響はより明確に計測で
きるだろう。これらの実験の改善案については今後検討していきたい。

　次章では，本章までの内容を統括し，公的なメールにおける好ましさにつ
いて検討し，やり取りを前提とした文章における好ましさについて考察する。

結　論

　本研究では，文章の評価と文章産出の研究についてレビューを行い，読み手も書き手も文章の内容と表現に注意を向けていることを指摘した。しかし，先行研究においては，やり取りを前提とした文章を対象とした研究は少ない。日常生活では，読み手と書き手の間である話題を共有し，その内容について，読み手と書き手の立場を入れ替えながら，文章を交換し合う機会が多く存在する。そこで，本研究では，このような文章，中でも，公的なメールに焦点を当て，どのような要素がやり取りを前提とした文章の好ましさの要因となりうるのかを検討した。また，どのような情報がメール文章に影響を及ぼすのかについて実験を行った。

　第9章では，先行研究で明らかになった結果と本研究で示されたことを概観し，本研究の今後の発展について述べる。はじめに，文章の評価や文章産出の研究の成果について述べる。次に，本研究で得られた知見を概観する。最後に，本研究の学術的意義と社会的意義について記述し，本研究の限界と今後の課題について考察する。

第9章　総合考察

第9章では，第1章から第8章までを通して本研究で得られた知見とその意義，研究の限界について述べる。第1節では，これまでの先行研究で解明された点と未解明な点についてまとめ，本研究の目的について述べる。また，本研究の調査と実験を通して明らかになった点について記述し，目的に対する総合的な考察を行う。第2節では，本研究の意義と限界，今後の課題について述べる。

第1節　本研究で得られた知見

本研究では，やり取りを前提とした文章において，書き手がより好ましい文章を書けるようになることを最終目標とし，そのために必要な要因を心理学的観点から検討することを目的とした。また，本研究を行う上で必要な観点を得るため，第1章から第3章では，次の3点から先行研究を検討した。

第1章では，文章に対する読み手の評価に焦点を当て，読み手が文章を評価する際に，その文章の内容と表現に注意を向けていることを指摘した。この指摘は，読み手の主観的な評価のうち，文章の構成要素に対する評価研究（e.g., 渡部他, 1989；平, 1998）から導き出されたものである。文章産出において読み手は重要な存在であり，読み手の評価について理解することは，書き手がより好ましい文章を書くために必要である。したがって，本研究では，読み手が文章の構成要素に対して行う評価に着目し，先行研究の評価観点がやり取りを前提とした文章でも適応できるかを検討することとした。

次に，第2章では，文章産出の研究を概観し，本研究の理論的枠組みの基礎となる文章産出プロセスモデルと書き手が文章を書く際に注意を向けていることについて検討した。文章産出プロセスモデルについては，山川・藤木

（2015）の心的表象の構築展開過程モデルが本研究の目的に合致することを示した。このモデルは，文章の理解過程を含み，かつ，読み手に関する具体的な情報が，読み手に対する推測を含んだ状況モデルを構築するという可能性を指摘している。これは，Flower & Hayes（1981）の文章産出プロセスモデルにおける2点の不足，すなわち，課題や産出した文章を読むという行為が含まれていない点と，読み手に関するどのような情報が書き手に影響を及ぼすかについて検討されていないという点を補うものであった。

　また，書き手が文章産出を行う際には，文章の内容と表現という二つの側面に注意を向けていることも明らかになった（e.g., 安西・内田，1981；堀田，1992）。ここから，書き手がより好ましい文章を産出できるようになるためには，文章の内容と表現について検討を行う必要があると考えられた。さらに，文章の質を上げるための書き手への指導方法を論じた先行研究を検討したところ，読み手との対話がなくとも，読み手を意識させると文章の質は向上すると示された（e.g., Black, 1989；Roen & Willey, 1988）。すなわち，文章産出の研究においては，読み手の特性を規定し，その情報を書き手に明示した上で検討を行うことが必要であると示唆された。

　第1章と第2章で取り上げた先行研究は一方向的な文章を対象としていたため，第3章では，やり取りを前提とした文章に焦点を当て，読み手の評価観点と書き手が注意を向ける点を検討した。なお，やり取りを前提とした文章とは，読み手からの返答やその後もやり取りが続く可能性を考慮に入れて書かれる文章のことである。検討の結果，やり取りを前提とした文章でも，読み手や書き手は内容と表現の双方に注意を向けていた。しかし，それと同時に，内容よりも表現に対してより重きを置きやすいことも示された（e.g., 中嶋，2003；宇佐美，2010）。すなわち，やり取りを前提とした文章では，一方向的な文章とは異なる観点にも注意を向けている可能性が示唆された。

　これに加えて，本研究では，これからも相手と関係が続くだろうという予期，すなわち，関係継続の予期にも焦点を当てた。なぜなら，やり取りを前

提とした文章は，関係の継続が見込まれる読み手との間で交わされることが多いためである。関係継続の予期がある場合，書き手は文章の工夫を行って読み手に働きかけている（e.g., Odell & Goswami, 1982；大浦・安永，2007）。しかし，このような読み手との関係の継続を考慮した研究は少数であり，未解明な点も多い。したがって，やり取りの後も関係継続が予期される人物を読み手として想定し，やり取りを前提とした文章について検討することとした。

　なお，本研究は，公的な場面においてやり取りされる電子メールを研究対象とした。メールは多くの人が利用するツールである上に，公私のどちらの場面でも利用できる。加えて，公的な場面でメールを書く場合には，文章についてより多くのことを熟考すると考えられた。一方で，大学生が公的な場面で書くメールには不備がみられる場合があるという指摘があること（佐藤他，2015）と，メール文章についての実証的な研究が少なく，未解明な点があることから，公的なメールを研究対象とすることには意義があると考えられた。

　以上をふまえ，本研究では，書き手がより好ましい文章を書けるようになることを最終目標とし，そのために必要な要因の検討を研究全体の目的とした。その際，書き手に言語表現に対する熟考を促すため，公私共に利用できるツールである電子メールを研究対象とし，場面は公的なものに限定した。また，読み手は関係継続の予期がある人物を想定した。

　上述の本研究全体の目的を達成するため，本研究では二つの下位目的を設定した。一つ目の目的は，読み手と書き手のそれぞれの立場における好ましさの要因を明らかにすることである。本研究では，これを達成するために，後述する調査1から調査5を行った。二つ目の目的は，書き手が好ましいメールを書けるようになるために必要な情報の種類を明らかにすることである。これについては後述の実験を通して検討した。以下，各調査と実験を通して得られた知見について述べる。

　調査1（第5章）では，読み手がメールに対して行う評価の特徴を明らか

にすることを目的とし，大学院生を対象に面接調査を行った。参加者には，内容と書き手が異なる4通の公的なメールを読ませ，半構造化面接法を用いて件名や本文で着目した部分や評価の理由などについて尋ねた。各メールに対する好ましさ評価について，メールの内容による影響が統計的に有意であると確認されたため，メールの種類ごとに参加者の発言を分析した。その結果，メールの内容によって読み手が着目する点が異なること，メールの件名への評価が本文の評価へ影響し，本文への評価が件名の評価に影響を及ぼすこと，その一方で，内容に関わらず，挨拶は注目されることが明らかになった。また，書き手の違いによって評価は異なり，ネガティブな評価を行った場合に，指摘や改善案などのコメントがより具体的になることも示された。

　以上より，読み手は，件名や本文に情報が不足なく書かれているかと，どのような表現が使われているかという二つの側面から評価を行っている可能性が示唆された。特に表現に対する評価においては，読み手はネガティブな評価を行った部分に重点を置いており，挨拶など一般的に公的なメールの構成要素として周知されている事柄に不足がみられた場合には，ネガティブな評価を行っていた。さらに，先行研究では指摘されていなかった点として，メールの件名の重要性も示された。

　調査2（第6章）では，関係継続の予期がある読み手に送るメールを書く際に，書き手が注意を向ける点を明らかにすることを目的とした。また，文章産出プロセスの一つである心的表象の構築展開過程モデル（山川・藤木，2015）がやり取りを前提とした文章にも適応可能であるかも検討した。社会人を対象に職場の上司に対する断りのメールを書かせ，書いたときに考えたことを面接調査で尋ねた。得られた発言についてGTAを用いて分析を行った結果，文章産出に関わる現象として，【場面設定の掘り下げ】現象と【メールの好ましさの探求】現象，【好ましさの程度の検討】現象の三つが得られた。ここで述べる現象とは，カテゴリー同士の因果関係を関連付けた結果として見出された，ある行為に含まれるカテゴリーのグループのことである。

得られた三つの現象同士の関係とそれぞれを構成するカテゴリーの内容から，文章産出プロセスは一方向的ではなく，複数の現象を行きつ戻りつしていることが示された。書き手は，まず，課題内容を理解しながら，【場面設定の掘り下げ】で読み手や書き手の状況を想像していた。次に，その想像をふまえ，【メールの好ましさの探求】でネガティブな評価の回避とポジティブな評価の獲得を並行して目指しつつ，メールをどのように書くかを決めていた。その後，考えた内容を具体的な言語表現として表現化し，書こうとする表現について【好ましさの程度の検討】を行っていた。また，【好ましさの程度の検討】の結果として，表現化や【メールの好ましさの探求】に戻る様子もみられた。

さらに，参加者の発言と産出時の様子から，山川・藤木（2015）のモデルに対し，外的表象を媒介しない循環の可能性を指摘し，かつ，読み手の反応の推測が産出メールに影響を与えることも明らかにした。これらにより文章産出プロセスの生態学的妥当性を高められたといえる。加えて，この結果は，やり取りを前提とした文章においても，従来の文章産出プロセスモデルが適用できることも示唆していた。

調査3（第7章）は，調査4と調査5で行う質問紙調査の項目選定を目的とした。大学院生を対象に，読み手と書き手の両方の立場から，公的なメールを読み書きする場合にどのような点に注意を向けているかについて，PCを使う場合とスマホを使う場合を分けて自由記述調査を行った。媒体の使用頻度を検討したところ，スマホは公的なメールを読む場合に多く使用され，書く場合にはPCがより多く使用されていた。しかし，得られた自由記述のIUの数を比較すると，読み手・書き手という立場の主効果のみが有意であった。加えて，内容の多くがPCを使用する場合とスマホを利用する場合で重複しており，媒体の違いは好ましさの基準には影響しないと判断した。

KJ法の手法を用いて回答を分類した結果，読み手と書き手の双方において，メールに書くべき事項と，ネガティブな評価をされないために注意する

点，ポジティブな評価を得るために注意する点という3種類の中カテゴリーが存在していた。好ましいメールが，ネガティブな評価をされず，かつ，ポジティブな評価を得るようなものであるという結果は，調査1や調査2の結果と同様である。一方で，読み手と書き手の相違点として，読み手では日常的な経験によって作られたメールのイメージがカテゴリーとしてみられ，書き手では媒体の使い分けに関するカテゴリーが得られた。媒体の使い分けの根拠については，本調査では尋ねていないため，今後の検討課題とする。

　調査4（第7章）では，調査5で使用する項目の選定と好ましさの構成要素を探索的に検討することを目的とし，大学生・大学院生を対象とした質問紙調査を行った。質問紙は，調査3で得られた項目をもとに作成した読み手の立場における好ましさに関わる項目と書き手の立場における好ましさに関わる項目，また，基準関連妥当性をみるための読み手意識尺度（岸他，2014）で構成されていた。

　回答に偏りがみられたため，ポリコリック相関係数を用いた探索的な質的因子分析を行った結果，読み手と書き手の双方において，読み手や書き手の名前の明記や件名の記入など，調査3でメールに書くべき事柄として分類されていた項目が，独立した因子として抽出された。すなわち，それらの因子に含まれる項目は，読み手と書き手のどちらの立場においてもメールの形式的なルールとして認識されており，他の項目とは区別が可能であると考えられた。したがって，調査5では，これらの項目を公的なメールに対する意識項目として別途検討することとした。

　調査5（第7章）では，メールの好ましさを計測する尺度を作成し，その妥当性と信頼性を検討するため，社会人と大学生を対象に質問紙調査を実施した。質問項目は，調査4の結果をふまえて選定した，読み手の立場における好ましさ評価尺度と書き手の立場における好ましさ探求尺度，公的なメールに対する意識項目の3種類であった。また，尺度の基準関連妥当性を確認するために，読み手意識尺度（岸他，2014）を用いた。

まず，社会人の各尺度のデータに対して，探索的因子分析（最尤法，プロマックス回転）を行った。その結果，読み手の立場における好ましさ評価尺度としては，「配慮の実感」因子と「適切さの実感」因子を，書き手の立場における好ましさ探求尺度としては，「失礼さ回避」因子と「わかりやすさ重視」因子を得た。続いて，大学生のデータを加えて他母集団同時分析を行った結果，どちらの尺度においても，二つの潜在因子に直接相関を想定し，配置と因子負荷量が不変であると仮定した場合に，GFI や RMR が許容範囲であった。したがって，社会人と大学生の双方において，調査5で作成した尺度を使用できると考えられた。加えて，読み手と書き手の双方の立場における尺度について，読み手意識尺度と中程度の正の相関関係が確認されたため，基準関連妥当性も確認できたと判断した。

　実験1・実験2（第8章）では，提示情報がメール文章に与える影響を実証的に検討することを目的とした。書き手である参加者に提示する情報は，関係継続の予期とメールを書く際の注意事項である。関係継続の予期を提示した場合には，読み手に対する配慮を表す表現が増加し，好ましさが向上すると考えられた。また，メールを書く際の注意事項を示した場合には，メールにそれらの項目が表れ，好ましさが向上すると予想された。これら2種類の情報のそれぞれの提示と，測定時期を要因とした3要因混合計画の実験を，大学生を対象に行った。参加者には大学事務職員への問い合わせという課題に対してPCを用いて2回メール文章を書かせ，2回目のメール文章を書かせる際に情報の提示の有無を操作した。実験1においては，これに加えて，それぞれのメールの作成後に調査5で作成した書き手の立場における好ましさ探求尺度に回答させた。また，実験1・実験2共に，2回目のメールの作成後に，公的なメールの読み書きの経験などを尋ねるフェイスシートにも回答させた。作成されたメールについては，大学院生の協力者1名と筆者で，読み手の立場における好ましさ探求尺度を用いて評価した。

　大学生の特性として，公的なメールを読み書きする経験は少なく，使用媒

体も，社会人とは異なり，スマホが最も多いことが示された。加えて，公的なメールの書き方についての説明に接触した経験については，授業の受講経験や読書経験は少なく，インターネットでの検索経験が多かった。すなわち，独学でメールの作成について学んでいる学生が多いといえる。大学生も教員への連絡や就職活動で公的なメールを作成する必要があることから，大学生に対してメール文章の書き方を教育することは有用であると考えられる。

　続いて，尺度得点に対する3要因混合計画の分散分析を行った結果，実験1では，書き手の立場における好ましさ探求尺度と，読み手の立場における好ましさ評価尺度の双方で，測定時期の主効果のみが有意であった。この結果は，1回目の産出が終わった後に書き手の立場における好ましさ探求尺度に回答させたためであると考えられた。そこで，実験2では，尺度への回答を除いて実験を実施したところ，読み手の立場における好ましさ評価尺度の適切さ重視因子において，測定時期の主効果のみが有意であった。参加者の自由記述から，これは同じ課題でメールを2回書いたことで推敲が行われたためと考えられた。

　また，メール文章の文字数を分析したところ，実験1では，関係継続の予期の提示がない場合に，2回目に産出されたメール文章の文字数が多かった。読み手意識が高いと文字数が多くなるという先行研究の結果（Sato & Matsushima, 2006）とは対照的な結果が得られたのは，関係継続の予期を提示した条件では，参加者が多忙な読み手に配慮して，文字数を増やさないように工夫したためであると考えられた。しかし，教示の一部を変更した実験2においては，関係継続の予期を提示した場合に，2回目に産出されたメール文章の文字数が多いという結果が得られた。教示とメール文章の文字数のこのような関係性については，今後，改めて検討する必要があるだろう。さらに，KH-Corder 3を用いて各条件のメール文章における特徴語を抽出すると，実験1・実験2共に，1回目の産出では，問い合わせという内容に関わる表現が抽出され，2回目の産出では，提示された情報と一致した語が特徴語とし

て抽出された。中でも，実験1のメールにおいて「お忙しいところ／お忙しい中」が出現したメールの通数を検討したところ，2回目の産出では，この表現が使われたメールの通数が増えていた。これは，多忙である読み手の邪魔をすることに対する配慮であり，読み手からのネガティブな評価を回避するために行われたと考えられた。したがって，提示した情報は，書き手が産出するメール文章に質的な変化をもたらしたことが明らかになった。

　以上の調査と実験の結果と考察から，本研究の一つ目の下位目的である読み手と書き手のそれぞれの立場におけるメール文章の好ましさを構成する要因について，次の3点が指摘できる。1点目は，読み手の評価と書き手の注意に二つの側面がある点である。読み手も書き手も，情報の不足の有無と，その情報をどのように表現するか注意を向けていた。教室場面での作文を対象とした研究（e.g., 渡部他，1989；安西・内田，1981）では，一方向的な文章において，読み手や書き手が内容と表現の双方に注意を向けることが示されていた。しかし，内容の不足に着目するという点は指摘されておらず，これはやり取りを前提とした文章における新しい知見といえる。

　2点目は，公的なメールの好ましさは，ネガティブな評価の回避とポジティブな評価の獲得という二つの側面を持つという点である。特に，情報の不足やメールマナーの不備，配慮を示す表現がないことはネガティブな評価につながるため，読み手も書き手もそのような評価を回避することにより注意を向けていることが，調査1や調査2，調査3によって示された。また，調査4の結果から，読み手や書き手は，読み手や書き手の名前や件名を書くといった，一般的にメールのルールとして知られている事柄を好ましさに関わるそれ以外の項目とは別に捉えている可能性が指摘できた。これは，書き手に提示される情報の種類とメール文章の関係にも反映されている。第8章において，関係継続の予期を提示した場合に読み手の状況について配慮するような語がメール文章の特徴語として抽出され，注意事項を提示した場合にそれらを網羅したメールが産出されたのは，書き手が，読み手からのネガティ

ブな評価を回避するためには，それらの情報を反映させることが必要である
と考えたためだと推察される。やり取りを前提とした文章とは，書き手が読
み手からの反応を期待しながら書く文章である。したがって，読み手は反応
を返すかどうかを検討するために，書き手は読み手からの反応を得るために，
特にネガティブな評価を受けないように配慮していると考えられた。

3点目は，読み手の評価には書き手の注意点が反映され，書き手になった
場合には，読み手になった際に着目する箇所に注意を向けている点である。
これは，調査1と調査2の参加者の発言の他に，調査5において読み手の立
場における好ましさ評価尺度と書き手の立場における好ましさ探求尺度の間
に正の相関関係が確認されたことから明らかになった。やり取りを前提とし
た文章では，読み手と書き手が互いに立場を入れ替える可能性が高い
(Plácintar, 2017)。すなわち，常に次に自分が読み手や書き手の立場になる
ことを想定しているため，このような相関関係がみられたと推察された。こ
れも一方向的な文章の研究では指摘されていなかった点である。

次に，二つ目の下位目的である書き手がメールを書く際に影響を与える要
因については，そのうちの二つが読み手との関係継続の予期とメールを書く
際の注意事項であることが示唆された。第8章の実験において，提示した情
報によってメール文章から抽出される特徴語が異なったことから，これらの
情報は書き手の産出する文章に質的な変化をもたらすといえる。特に，関係
継続の予期の提示については，一方向的な文章においても，読み手に働きか
ける表現が出現しやすいことが明らかになっている（大浦・安永，2007）。本
研究の結果は，この結果を支持するものであった。すなわち，やり取りを前
提とした文章においても，読み手意識を高めることで文章の質が高まるとい
う先行研究の結果（Black, 1989；Roen & Willey, 1988）を適応が可能である可
能性が示された。

メール文章に質的な変化がみられた一方で，第8章の実験において，読み
手と書き手のそれぞれの立場における好ましさ得点の変化の要因は，測定時

期のみであった。これは，同じ内容について2回メールを作成させたため，追加情報のない書き手も文章の遂行を行っていた可能性が考えられた。これについては，今後，実験手続きに修正を加え，実験1でみられた尺度への回答の影響も含めて更に検討していきたい。

　したがって，書き手がより好ましいやり取りを前提とした文章を書けるようになるための要因の検討という本研究全体の目的も，ある程度達成されたと考えられる。本研究で得られた知見は，双方向的なコミュニケーションにおける文章，すなわち，やり取りを前提とした文章に関する新たな観点や検討事項を示したといえるだろう。

第2節　本研究の学術的意義および社会的意義と今後の展望

　本研究で得られた知見は，文章産出研究に対して，以下のように資すると考えられる。1点目は，やり取りを前提とした文章という観点から実証的な文章産出研究を行った点である。先行研究においては，このような観点を含んだ研究は少数であった。第5章から第7章で示されたように，本研究はその不足を補うと共に，ネガティブな評価の回避や読み手と書き手の交換可能性といった新たな研究の可能性を示したといえる。また，第8章において，情報の種類によってメール文章の質的な特徴が変化したという結果が得られた。関係継続の予期の提示によって，読み手への配慮を表す言語表現が文章の特徴語として抽出されたことをふまえると，関係継続の予期という観点も，今後，文章産出研究が発展していくために必要な観点であるといえる。

　2点目は，メールの好ましさを構成する要因を明らかにした点である。読み手や書き手が表現により注意を向けることは先行研究で示されていたが，本研究ではこれに加え，読み手も書き手もネガティブな評価に着目し，それを回避しようとすることを示した。ポジティブな評価を得るだけでなく，ネガティブな評価の回避を目指すという指摘は，これまでの研究ではみられなかったものである。

学術的意義の3点目は，これまでの文章産出プロセスモデルの生態学的妥当性を高めることができた点である。第6章において，やり取りを前提とした文章においても，先行研究で示された文章産出プロセスモデルを適用できることが示された。さらに，山川・藤木（2014）で指摘されていた外部表象を媒介しない循環についても，その存在の可能性が示唆された。

他方，社会的意義としては，次の3点が挙げられる。1点目は，社会生活の多くの場面で読み書きされるやり取りを前提とした文章を研究対象として，新しい知見を示した点である。第2章で挙げたような教育現場で求められる作文は，書いた後で，その話題について，読み手である教員と書き手である学生や生徒が話を深めることはない。同章第3節で言及した，読み手がコメントを行う場合においても，主にどのように文章を書くかという表現にまつわることが書かれる（e.g., 金子，2008, 2009）。しかし，社会生活において，やり取りを前提とした文章を書く機会は多く存在する。したがって，教育現場においても，今後は双方向的なコミュニケーションにおける文章を扱っていくことが求められるだろう。第5章から第7章で取り上げた調査の結果からは，読み手と書き手の双方がネガティブな評価の回避を重要視していることが明らかになっている。これはやり取りを前提とした文章における読み手と書き手の思考の特徴といえる。この知見を今後の文章産出や作文教育に応用させていくことが必要である。

2点目は，初年次教育やキャリア教育に対する貢献が挙げられるだろう。高松（2008）は，初年次教育で扱うべきアカデミック・リテラシーの下位分野の一つとして，メールの作成を含めたPCを使う技術を挙げており，実際に，初年次教育や情報リテラシー教育の一環として，メールの書き方を教えている，あるいは，課題の提出をメールで求める大学も存在する（西村，2015；杉本，2018）。キャリア教育においても，キャリアインタビューの手法の一つとしてメールが利用される場合がある（平尾，2005）。このように，大学生がメールについて学ぶ，あるいは，自ら書き方を考えなければならない

機会は，初年次教育の段階から存在する。しかし，授業で使用される資料は教員の経験をもとに作成される場合が多く，統一した内容を教えることは難しい。また，第8章で示したように，大学生の約半数は，教育の場で正規に学ぶのではなく，インターネットで公的なメールの書き方を検索している。本研究の成果は，このような場合に，個人の経験則を裏付け，情報の正確さを上げるものであり，エビデンスとして利用できるだろう。

　社会的意義の3点目は，やり取りを前提とした文章において，文章を評価する，あるいは，書き手の意識を評価する尺度を作成した点である。第7章にて作成された読み手の立場における好ましさ評価尺度と書き手の立場における好ましさ探求尺度は，上述したような教育場面でも用いることが可能な尺度である。さらに，第8章の結果より，書き手が自身の態度を評価することもメールの好ましさに影響を及ぼす可能性が示唆された。これについては今後の研究が求められるが，将来的に，やり取りを前提とした文章の質を向上させるための指導方法を検討するときに役立つ知見であるだろう。

　本研究の限界としては，研究対象が公的なメール文書のみである点が挙げられる。近年，大学では学習管理システム（Learning Management System：LMS）などのICTを用いたやり取りが行われるようになっている（舘野・大浦・望月・西森・山内・中原，2011）。例えば，授業に対する質問や同じ授業を受けている人に対するコメントを，LMSの掲示板に文章で記載するような場面である。会社においても，顧客や社内の人間とやり取りする際に，メールだけでなく，グループウェアを用いることがあるだろう。それらのようなツールを用いてどのような文章がやり取りされているか，また，どのような文章が好ましいと感じられるかについては，明らかになっていない。したがって，今後はメールだけでなく，他のコミュニケーションツールでやり取りされる文章についても検討が必要である。

　また，本研究で検討した場面が，依頼や断りの場面，すなわち，メールというコミュニケーションツールを何らかの目的を達成するために利用する場

面である点も限界点として挙げられるだろう。例えば，主に友人間のやり取りに利用される LINE では，本研究でのメールのような道具的な利用の他に，コンサマトリーな利用という利用法がみられる（種村，2015）。コンサマトリーな利用とは，やり取りそのものを楽しむための利用のことである。よって，今後はコンサマトリーな利用も検討の対象として視野に入れるべきだろう。

　さらに，好ましいメール文章を書けるようになるための指導法の検討も不十分である。特に，第8章の実験については，第2章第3節で述べたような，実際に読み手として想定されうる人と話す，参加者間で互いのメールを読み合うなどの指導方法の検討も求められる。これらの指導方法については，やり取りを前提とした文章における効果がまだ検討されていない。効果的な指導方法を見つけるためにも，これまでの研究で示されてきた指導方法についての研究が求められる。

　このように本研究には限界が存在するものの，やり取りを前提とした文章という新しい視点を提示し，読み手との関係性に着目する重要性を示すことができた。本研究で得られた知見は，学術的意義および社会的意義のどちらも高いものであるだろう。文章を用いたコミュニケーションの必要性が高い昨今においては，どのように文章を書くかは，そのコミュニケーションの参加者にとって重大な課題である。コミュニケーションには唯一の正解は存在しない。しかし，本研究は，文章を用いたコミュニケーションを考える上での一助となることができるだろう。

引 用 文 献

阿部 新 (2009). スペイン・マドリードの大学における日本語学習者の言語学習ビリ
ーフ 名古屋外国語大学外国語学部紀要, *37*, 25-62.

足立 真乙・中山 実・梶井 芳明 (2017). 有用なハンドアウト作成の評価観点に関す
る検討 日本教育工学会論文誌, *40*, 357-365.

安西 祐一郎・内田 伸子 (1981). 子どもはいかに作文を書くか? 教育心理学研究,
29, 323-332.

Argyle, M., & Henderson, M. (1985). *The anatomy of relationships*. London; Penguin
books. (アーガイル, M.・ヘンダーソン, M. 吉森 護 (編訳) (1992). 人間関係の
ルールとスキル, 北大路書房)

Bazerman, C. (1980). A relationship between reading and writing: the conversation-
al model. *College English, 41*, 656-661.

Black, K. (1989). Audience analysis and persuasive writing at the college level. *Re-
search in the teaching of English, 23*, 231-253.

文化審議会国語分科会 (2018). 分かり合うための言語コミュニケーション (報告)
文 化 庁 Retrieved from https://www.bunka.go.jp/seisaku/bunkashingikai/
kokugo/hokoku/wakariau/index.html (2020年7月18日)

Chejnová, P. (2014). Expressing politeness in the institutional e-mail communications
of university students in the Czech Republic. *Journal of Pragmatics, 60*, 175-
192.

Dainton, M., & Stafford, L. (1993). Routine maintenance behaviors: A comparison of
relationship type, partner similarity and sex differences. *Journal of social and
personal relationships, 10*, 255-271.

Flower, L. S., & Hayes, J. R. (1981). A cognitive process theory of writing. *College
Composition and communication, 32*, 365-387.

深谷 優子 (2009). 読解および作文スキルを向上させるピアレビューを用いた共同推
敲 東北大学大学院教育学研究科研究年報, *57*, 121-130.

福田 由紀・内山 和希 (2015). 表示媒体は校正読みにおける誤字脱字検出数と内容理
解に影響するか?——印刷物とタブレット, パソコンディスプレイの比較——
法政大学文学部紀要, *70*, 89-100.

古谷 嘉一郎・坂田 桐子 (2006). 対面, 携帯電話, 携帯メールでのコミュニケーショ

ンが友人との関係維持に及ぼす効果——コミュニケーションのメディアと内容の適合性に注目して—— 社会心理学研究, *22*, 72-84.

蓮見 陽子 (1993). 同一情報に基づく文章表現の印象・評価の差異について 学習院大学人文科学論集, *2*, 43-67.

羽山 慎亮 (2017). 政府刊行物の「わかりやすい版」の言語的特徴——知的障害者が精度を理解するという観点による考察—— 社会言語科学, *20*, 146-160.

Hayes, J. R. (1996). A new framework for understanding cognition and affect in writing. In C.M.Levy, & S. Ransdell (Eds.), *The science of writing theories, methods, individual differences, and applications* (pp. 1-27). New Jersey: Lawrence Erlbaum Associates.

Hayes, J. R., & Flower, L. S. (1980). Identifying the organization of writing process. In L.W. Gregg, & E.R.Steinberg (Eds.), *Cognitive processes in writing: An interdisciplinary approach* (pp. 3-30). New York: Lawrence Erlbaum Associates.

Hayes, J. R., Flower, L., Schriver, K. A., Stratman, J. F., & Carey, L. (1987). Cognitive processes in revision. In S.Rosenberg (Ed.), *Advances in applied psycholinguistics, volume2 reading, writing, and language learning* (pp. 176-240). New York: Cambridge University Press.

樋口 耕一 (2017a). 言語研究の分野における KH Coder 活用の可能性 計量国語学, *31*, 36-45.

樋口 耕一 (2017b). Jaccard 係数の計算式と特徴 (1) Slide Share khcorder Retrieved from https://www.slideshare.net/khcoder/jaccard1 (2020年7月18日)

平尾 元彦 (2005). キャリア教育の手法としてのキャリアインタビュー 大学教育 (山口大学教育機構紀要), *2*, 85-94.

平山 祐一郎・福沢 周亮 (1996). 児童の作文に対する困難感に関する探索的研究 筑波大学心理学研究, *18*, 53-57.

廣瀬 信之・牛島 悠介・森 周司 (2014). 携帯電話メールによる感情の伝達に顔文字と絵文字が及ぼす影響 感情心理学研究, *22*, 20-27.

堀田 朱美 (1992). 文章産出における修辞的及び内容的意識に関する検討 名古屋大學教育學部紀要 教育心理学科, *39*, 89-95.

井口 あずさ (2008). 中学生の意見文作成過程におけるメタ認知方略の教育的妥当性の検討 広島大学大学院教育学研究科紀要, *57*, 209-218.

井口 あずさ (2011). 中学生の意見文作成過程におけるメタ認知方略指導に関する研究——自己評価を取り入れた指導過程の検討—— 渓水社

今井 芳昭 (1987). 影響者が保持する社会的勢力の認知と被影響の認知・影響者に対する満足度との関係 実験社会心理学研究, *26*, 163-173.

井邑 智哉・深田 博己・樋口 匡貴 (2010). 承諾抵抗方略の使用に及ぼす基本5要因の影響 広島大学大学院教育学研究科紀要, *59*, 109-118.

井邑 智哉・松田 奈々・深田 博己・樋口 匡貴 (2011). 相手の地位要因と二者関係への影響要因が承諾抵抗方略仕様に及ぼす影響 広島大学心理学研究, *11*, 69-77.

犬塚 美輪 (2002). 他者の文章を評価する話し合い活動は作文の学習に有効か 日本教育心理学会第44回総会発表論文集, *58*.

犬塚 美輪 (2003). 作文指導における文章評価活動の効果 日本教育心理学会第45回総会発表論文集, 286.

犬塚 美輪 (2004). 文章評価活動における作文評価枠組みの学習プロセス 日本教育心理学会第46回総会発表論文集, 202.

庵 功雄・岩田 一成・森 篤嗣 (2011).「やさしい日本語」を用いた公文書の書き換え——多文化共生と日本語教育文法の接点を求めて—— 人文・自然研究, *5*, 115-139.

一般社団法人日本ビジネスメール協会 (2019). ビジネスメール実態調査 一般社団法人日本ビジネスメール教会 Retrieved from https://businessmail.or.jp/research/2019-result/ (2020年5月5日)

石井 成郎・三輪 和久・向後 千春 (1998). 推敲における前に書いた文章の参照とプランニングの効果 電子情報通信学会技術研究報告. ET, 教育工学, *98*, 37-42.

蒲谷 宏 (2013). 待遇コミュニケーション論 大修館書店

梶井 芳明 (2001). 児童の作文はどのように評価されるのか？——評価項目の妥当性・信頼性の検討と教員の評価観の解明—— 教育心理学研究, *49*, 480-490.

金子 泰子 (2008). 大学初年次生のための文章表現指導——再履修生の実態とその評価—— 長野大学紀要, *30*, 117-130.

金子 泰子 (2009). 大学初年次生のための文章表現指導プログラム——評価作文をもとにメタ認知活性化方略の有効性を検証する—— 長野大学紀要, *30*, 239-250.

加納 陸人・梅 暁蓮 (2002). 日中両国語におけるコミュニケーション・ギャップについての考察——断り表現を中心に—— 文教大学 言語と文化, *15*, 19-41.

柏崎 秀子 (2010). 文章の理解・産出の認知過程を踏まえた教育へ——伝達目的での読解と作文の実験とともに—— 日本語教育, *146*, 34-48.

加藤 由樹・赤堀 侃司 (2005). 電子メールを使ったコミュニケーションにおける感情面に及ぼす相手の立場の影響 日本教育工学会論文誌, *29*, 543-557.

加藤 由樹・加藤 尚吾・赤堀 侃司 (2006a). 携帯メールコミュニケーションの感情面に関する分析——教師あるいは友人がやりとりの相手の場合の検討—— 教育情報, *21*, 3-12.

加藤 由樹・加藤 尚吾・赤堀 侃司 (2006b). 携帯メールを使用したコミュニケーションにおける怒りの感情の喚起に関する調査 教育情報, *22*, 35-43.

加藤 由樹・加藤 尚吾・赤堀 侃司 (2007). 電子メールコミュニケーションにおける書き手の性別が読み手の感情面に及ぼす影響——大学生を対象とした実験による検討—— 日本社会情報学会, *19*, 17-33.

Kato, Y., Sugimura, K., & Akahori, K. (2001). An affective aspect of computer-mediated communication: analysis of communications by E-mail. *Proceeding of ICCE/ SchoolNet 2001*, *2*, 636-642.

加藤 由樹・杉村 和枝・赤堀 侃司 (2005). 電子メールを使ったコミュニケーションにおいて生じる感情への電子メールの内容の影響 日本教育工学会論文誌, *29*, 93-105.

川喜田 二郎 (1967). 発想法 創造性開発のために 中央公論新社

Kiesler, S., Siegel, J., & McGuire, T. W. (1984). Social psychological aspects of computer-mediated communication. *American Psychologist*, *39*, 1123-1134.

木村 昌紀・磯 友輝子・大坊 郁夫 (2004). 関係継続の予期が対人コミュニケーションに及ぼす影響 電子情報通信学会技術研究報告. HCS, ヒューマンコミュニケーション基礎, *104*, 1-6.

木村 昌紀・磯 友輝子・大坊 郁夫 (2012). 関係に対する展望が対人コミュニケーションに及ぼす影響——関係継続の予期と関係継続の意思の観点から—— 実践社会心理学研究, *51*, 69-78.

木村 昌紀・山本 恭子 (2017). メール・コミュニケーションにおける顔文字や表情絵文字の交換過程が対人感情に及ぼす影響 感情心理学研究, *24*, 51-60.

Kintsch, W. (1998). *Comprehension: A paradigm for cognition*. Cambridge: Cambridge University Press.

衣川 隆生 (2005). 文章産出に対するメタ認知ストラテジーの意識化を目標とした授業について 日本語教育方法研究会誌, *12*, 26-27.

岸 学・梶井 芳明・飯島 里美 (2012). 文章産出困難感尺度の作成とその妥当性の検討 東京学芸大学紀要 総合教育科学系, *63*, 159-169.

岸 学・辻 義人・籾山 香奈子 (2014). 説明文産出における「読み手意識尺度」の作成と妥当性の検討 東京学芸大学紀要 総合教育科学系, *65*, 109-117.

岸 学・綿井 雅康 (1997). 手続き的知識の説明文を書く技能の様相について　日本教育工学雑誌, *21*, 119-128.

北村 英哉・佐藤 重隆 (2009). 携帯メールへの絵文字付与が女子大学生の印象形成に与える効果　感情心理学研究, *17*, 148-156.

小林 ミナ (2004).「プラス評価」と「マイナス評価」の質的相違からみた教育現場への還元可能性　日本人は何に注目して外国人の日本語運用を評価するか　平成12年度－平成15年度科学研究費補助金　基盤研究(B)(2)　研究成果報告書(課題番号12480058)(pp. 275-285)

小林 哲郎・池田 謙一 (2007). 若年層の社会化過程における携帯メール利用の効果──パーソナル・ネットワークの同質性・異質性と寛容性に注目して──　社会心理学研究, *23*, 82-94.

小林 哲郎・池田 謙一 (2008). PC によるメール利用が社会的寛容性に及ぼす効果──異質な他者とのコミュニケーションの媒介効果に着目して──　社会心理学研究, *24*, 120-130.

紺野 倭人・坂本 真樹 (2017). メールの印象を考慮した文章提案システムの構築に関する研究　人工知能学会第31回全国大会論文集, 1-2.

厚生労働省 (2016). 平成27年度雇用均等基本調査　厚生労働省 Retrieved from http://www.mhlw.go.jp/toukei/list/71-27.html (2019年 9 月22日)

國田 祥子・中條 和光 (2009). ケータイ小説の書式が読みやすさと印象形成に及ぼす影響　広島大学心理学研究, *9*, 27-35.

國田 祥子 (2015). 表示メディアが読みやすさと印象形成に及ぼす影響── iPad を用いて──　中国学園紀要, *14*, 147-152.

國田 祥子 (2016). 表示メディアが読みやすさと印象形成に及ぼす影響── iPad mini, Kindle Paperwhite を用いて──　中国学園紀要, *15*, 87-93.

倉澤 寿之 (2011). メール一斉送信システムの開発　白崎学園大学・短期大学情報教育研究, *14*, 19-21.

黒岩 督 (1990). 教師の作文評価次元と数量的指標の関連　日本教育心理学会総会発表論文集第32回総会発表論文集, 315.

黎 秋虹 (2015). ビジネスメールにおける日本語の対人配慮の示し方　昭和女子大学大学院　言語教育・コミュニケーション研究, *10*, 61-76.

Leary, M. R., & Miller, R. S. (2000). Self-presentational perspectives on personal relationship. In S. W. Duck, & W. Ickes (Eds.), *The social psychology of personal relationship.* (pp. 129-155). New York: Wiley & Sons.（レアリー, M. R.・ミラー,

R. S. 谷口 淳一（訳）（2004）．パーソナルな関係における自己呈示的なパースペクティブ　大坊 郁夫・和田 実（監訳）パーソナルな関係の社会心理学（pp. 129-155）北大路書房）

Lewandowski, G., & Harrington, S. (2006). The influence of phonetic abbreviations on evaluation of student performance. *Current Research in Social Psychology*, *11*, 215-226.

李 佳盈（2004）．電子メールにおける依頼行動──依頼行動の展開と依頼ストラテジーの対日対照研究── 言語文化と日本語教育, *28*, 99-102.

李 錦淑（2010）．「誘い」とそれに対する「断り」の言語行動について──日本語母語話者同士による携帯メール会話の分析から── 待遇コミュニケーション研究, *7*, 113-128.

松島 一利・佐藤 浩一（2007）．読み手意識は説明文の質を高めるか　群馬大学教育実践研究, *24*, 373-385.

文部省（1946）．くぎり符号の使い方〔句読法〕（案）　文部省（1963）国語シリーズNo. 56　国語表記の問題（pp. 60-76）　教育図書

茂呂 雄二（1982）．児童の文章産出──短作文における文脈形成分析の試み── 教育心理学研究, *30*, 29-36.

邑本 俊亮（1992）．要約文章の多様性──要約産出方略と要約文章の良さについての検討── 教育心理学研究, *40*, 213-223.

長澤 直子（2017）．大学生のスマートフォンとPCでの文字入力方法──若者がPCよりもスマートフォンを好んで使用する理由の一考察── コンピュータ＆エデュケーション, *43*, 67-72.

中嶋 香緒里（2003）．書き分け課題における学習者の相手意識と言語的調整　人文科教育研究, *30*, 13-31.

中尾 桂子（2009）．語彙の統計量と総合評価の関係──作文評価の基準特定にむけて── 大妻女子大学紀要－文系－, *41*, 130-147.

成川 祐一（2017）．正しく伝わる日本語のために──共同通信社記者ハンドブックの成り立ち── 情報管理, *60*, 69-78.

西出 ひろ子（2013）．仕事の基本　正しいビジネスメールの書き方　日本能率協会マネジメントセンター

西森 章子・三宮 真智子（2015）．高校生における「自分の考えを書くこと」への問題意識　大阪大学教育学年報, *20*, 119-125.

西村 靖史（2015）．大学における初年次教育について　別府大学紀要, *56*, 75-86.

西山 由美子（1994）．構成力を高める読書感想文の指導——効力感に着目して——
　　和歌山大学教育学部教育実践研究指導センター紀要，*3*, 133-143.

野元 菊雄（1992）．簡約日本語　文林，*26*, 1-36.

Nystrand, M.（1989）. A social-interactive model of writing. *Written Communication*,
　　6, 66-85.

Nystrand, M.（2006）. The social and historical context for writing research.　In C.A.
　　MacArthur, S. Graham, & J. Fitzgerald.（Eds.）, *Handbook of writing research*.
　　（pp. 11-27）. New York: Guilford Press.

小田 順子（2011）．言いたいことが確実に伝わるメールの書き方　明日香出版社

Odell, L., & Goswami, D.（1982）. *Writing in a non-academic setting. Research in the
　　teaching of English, 16,* 201-223.

大江 宏子（2006）．「手紙」再考——誰が，なぜ書いているのか。手紙は IT メディア
　　に取って代わられるのか？——　生活経済学研究，*24*, 25-44.

大濱 望美・佐藤 浩一（2016）．推敲の形態が手続き的説明文の産出に及ぼす影響——
　　相互推敲を取り入れた検討——　群馬大学教育実践研究，*33*, 149-159.

大嶋 利佳・茶谷 武志（2010）. The Business Mail　メール力　産業能率大学出版部

太田 陽子（2015）．依頼メール作成タスクに見る大学生のポライトネス意識　相模国
　　文，*42*, 125-136.

大友 沙樹（2009）．電子メールにおける依頼のストラテジー——日中対照の観点から
　　——　国際文化研究，*15*, 61-72.

大浦 理恵子・安永 悟（2007）．読み手を特定することが文章産出におよぼす効果　久
　　留米大学心理学研究，*6*, 11-20.

Plácintar, E.（2017）. The oral heritage of intimate letters. *Style magazine 2017*, 223-
　　232.

Roen, D.H., & Willey, R.J.（1988）. The effects of audience awareness on drafting and
　　revising. *Research in the Teaching of English, 22,* 75-88.

戈木 クレイグヒル 慈子（2006）．ワードマップ　グラウンデッド・セオリー・アプロ
　　ーチ　理論を生みだすまで　新曜社

戈木 クレイグヒル 慈子（2008）．実践　グラウンデッド・セオリー・アプローチ　現
　　象をとらえる　新曜社

境 希里子（1998）．日本人学生の，文章力における問題点（1）——文単位でのわかり
　　やすさについて考える——　文化女子大学紀要　人文・社会科学研究，*6*, 201-
　　210.

崎濱 秀行（2003a）．読み手に関する情報の違いが文章産出プロセスや産出文章に及ぼす影響について　名古屋大学大学院教育発達科学研究科紀要　心理発達科学, *50*, 207-212.

崎濱 秀行（2003b）．書き手のメタ認知的知識やメタ認知的活動が産出文章に及ぼす影響について　日本教育工学雑誌, *27*, 105-115.

崎濱 秀行（2005）．字数制限は，書き手の文章産出活動にとって有益であるか？　教育心理学研究, *53*, 62-73.

崎濱 秀行（2008）．字数制限文を繰り返し書くことが書き手の文章産出活動や産出文章に及ぼす影響　日本教育工学会論文誌, *32*, 129-132.

佐藤 究・小笠原 直人・布川 博士（2015）．リアリティのある環境の中に埋め込んだ大学生のメールリテラシ教育の実験――研究室の事例第2報（2014年度実験）――情報処理学会研究報告, *2015-CE-129*, 1-6.

佐藤 浩一・松島 一利（2001）．読み手を意識することが説明文の産出に及ぼす影響　日本教育心理学会総会発表論文集第43回総会発表論文集, 67.

Sato, K., & Matsushima, K. (2006). Effects of audience awareness on procedural text writing. *Psychological reports*, *99*, 51-73.

Sato, S., Matsuyoshi, S., & Kondoh, Y. (2008). Automatic Assessment of Japanese Text Readability Based on a Textbook Corpus. *Proceedings of the international conference on language resources and evaluation*, *8*, 654-660.

佐藤 知子・佐藤 幸広・谷畑 徹・東城 有美・鎌田 一雄（2000）．聴覚障害者のための歯科予診票の一検討　映像情報メディア学会技術報告, *24*, 1-8.

Scholl, A., & Sassenberg, K. (2014). "While you still think, I already type": Experienced social power reduces deliberation during E-Mail communication. *Cyberpsychology, behavior, and social networking*, *17*, 692-696.

Schoonen, R. (2019). Are reading and writing building on the same skills? The relationship between reading and writing in L1 and EFL. *Reading and Writing*, *32*, 511-535.

清道 亜都子（2010）．高校生の意見文作成指導における「型」の効果　教育心理学研究, *58*, 361-371.

Sheeks, M. S., & Birchmeier, Z. P. (2007). Shyness, sociability, and the use of Computer-Mediated Communication in relationship development. *Cyberpsychology & behavior*, *10*, 64-70.

柴崎 秀子・玉岡 賀津雄（2010）．国語科教科書を基にした小・中学校の文章難易度学

年判定式の構築　日本教育工学会誌, *33*, 449-458.

島田　英昭・平野　友朗（2016）. 行間と箇条書きがメールの読解プロセスに与える影響
　　――視線計測による検討――　日本教育工学会論文誌, *40*, 5-8.

嶋田　みのり（2013）. 日本語の「誘い」場面におけるEメールの談話構造と表現形式
　　――母語話者と中国人学習者の分析を通じて――　創価大学大学院紀要, *35*,
　　217-242.

清水　士郎（1971）. すじの通った感想文を書かせるための基礎指導――構成パターン
　　を与えての短作文練習――　新潟県立教育センター実践研究第8集：国語科編,
　　8, 43-48.

シーズ（2005）. 相手に合わせた文章が選べる　ビジネスメールものの言い方「文例」
　　辞典　技術評論社

Song, K. (2014). Teaching formal email writing in English.　広島外国語教育研究,
　　17, 173-193.

総務省情報通信政策研究所（2019）. 平成30年度情報通信メディアの利用時間と情報行
　　動に関する調査報告書　総務省　Retrieved from https://www.soumu.go.jp/
　　menu_news/s-news/01iicp01_02000082.html（2020年4月5日）

杉本　あゆみ（2018）. 初年次教育におけるアクティブラーニング実践報告――グロー
　　バルキャンパスでの試行――　千葉経済大学短期大学部研究紀要, *14*, 105-117.

杉谷　陽子（2007）. メールはなぜ「話しやすい」のか？――CMC（Computer-Mediat-
　　ed Communication）における自己呈示効力感の上昇――　社会心理学研究, *23*,
　　234-244.

平　直樹（1995）. 物語作成課題に基づく作文能力評価の分析　教育心理学研究, *43*,
　　134-144.

平　直樹（1998）. 多次元アルファ係数を用いた作文評価構造抽出　教育心理学研究,
　　46, 31-40.

高橋　秀暢（2003）. メールコミュニケーションスキル尺度の作成　日本社会心理学会
　　第44回大会論文集

高井　太郎（2016）. 書くことの「方略」を手がかりとした作文ワークショップの研究
　　人文科教育研究, *43*, 43-54.

高井　太郎（2017）. 中学校における作文ワークショップの実践――「主体的・対話的で
　　深い学び」を分析の観点として――　人文科教育研究, *44*, 197-208.

高松　正毅（2008）. 初年次教育におけるアカデミック・リテラシー教育の位置と大学
　　教育の問題点　高崎経済大学論集, *51*, 51-65.

田中 光・山根 嵩史・中條 和光 (2018). レポート作成における読み手を意識した文章作文方略使用尺度の開発 広島大学心理学研究, *18*, 159-173.

田中 弥生 (2018). 日本語非母語話者向け自治会加入勧誘チラシとその作成振り返りコメントの分析——修辞機能と脱文脈程度の観点から—— 言語情報科学, *16*, 73-88.

種村 剛 (2015). LINE の既読無視はなぜ非難されるのか——大学1年生へのアンケート調査を通じて—— 自然・人間・社会：関東学院大学経済学部総合学術論叢, *58*, 73-105.

建石 由佳・小野 芳彦・山田 尚勇 (1988). 日本文の読みやすさの評価式 文書処理とヒューマンインターフェース, *18*, 1-8.

舘野 泰一・大浦 弘樹・望月 俊男・西森 年寿・山内 祐平・中原 淳 (2011). アカデミック・ライティングを支援する ICT を活用した協同推敲の実践と評価 日本教育工学会論文誌, *34*, 417-428.

遠山 茂樹 (2012). 大学生の友人関係とコミュニケーション・メディア選択との関連性に関する研究調査 国際社会文化研究, *13*, 61-92.

豊田 秀樹 (2012). 因子分析入門——R で学ぶ最新データ解析—— 東京図書

都筑 学・宮崎 伸一・村井 剛・早川 みどり・永井 暁行・飯村 周平 (2017). 大学生における LINE や Twitter の利用目的とその心理についての研究 中央大学保健体育研究所紀要, *35*, 3-32.

内田 伸子 (1986). 作文の心理学——作文の教授理論への示唆—— 教育心理学研究, *25*, 162-177.

打浪 文子 (2014). 知的障害者への「わかりやすい」情報提供に関する検討——「ステージ」の実践と調査を中心に—— 社会言語科学, *17*, 85-97.

宇佐美 洋 (2008). 学習者の日本語運用に対する, 日常生活での評価——個人の「評価観」の問い直しのために必要なこと—— 日本言語文化研究会論集, *4*, 19-30.

宇佐美 洋 (2010). 文章の評価観点に基づく評価者のグルーピングの試み——学習者が書いた日本語手紙文を対象として—— 日本語教育, *147*, 112-119.

宇佐美 洋 (2013). 言語運用プロセスの多様性と普遍性をとらえる 国語研プロジェクトレビュー, *3*, 125-132.

van Dijk, T.A., & Kintsch, W. (1983). *Strategies of discourse comprehension*. New York: Academic Press.

Walther., J. B. (1996). Computer-Mediated-Communication: Impersonal, interpersonal, and hypersonal interaction. *Communication Research*, *23*, 3-43.

渡部 洋・平 由実子・井上 俊哉 (1989). 小論文評価データの解析 東京大学教育学部紀要, *28*, 143-164.

山田 恭子・近藤 綾・畠岡 優・篠崎 祐介・中條 和光 (2010). 説明文産出におけるメタ認知的知識の構造 広島大学心理学研究, *10*, 13-26.

山川 真由・藤木 大介 (2014). 文章産出における表象表出過程のモデル化——表象表出の自動性・制御性—— 認知科学, *21*, 485-496.

山川 真由・藤木 大介 (2015). 文章産出における心的表象の変化過程モデルに基づいた文章産出方略の検討 読書科学, *56*, 124-137.

簗 晶子・大木 理恵・小松 由佳 (2005). 日本語 E メールの書き方 writing E-mails in Japanese The Japan Times

吉川 愛弓・岸 学 (2006). 作文の評価項目に関する検討——意見文の評価は何に影響を受けるのか—— 東京学芸大学紀要 総合教育科学系, *57*, 93-102.

Appendix

Appendix 7-1

あなたのことについて質問します。前の週の<u>月曜日から金曜日</u>までのパソコンやスマートフォン，携帯電話でのＥメールのやりとりを思い出して回答してください。

●の質問には，全員が回答してください。＊の質問には，該当する方のみお答えください。

なお，LINE，Twitter，Facebook などの SNS を使ったやりとりや，Ｅメールであっても，SNS からの投稿通知メール，企業から送られてくる DM（ダイレクトメール）などは除きます。

● あなたは，Ｅメールを**読むとき**，パソコンを使うことが，どれくらいありますか。
　1．全くない　・　2．たまにある　・　3．ややある　・　4．よくある
　　　　　　　　　　　　　　　　　　　　　回答〔　　　　　〕

● あなたは，Ｅメールを**書くとき**，パソコンを使うことが，どれくらいありますか。
　1．全くない　・　2．たまにある　・　3．ややある　・　4．よくある
　　　　　　　　　　　　　　　　　　　　　回答〔　　　　　〕

● あなたは，スマートフォンと携帯電話のどちらを持っていますか？
　1．スマートフォン　・　2．携帯電話　・　3．どちらも持っていない
　　　　　　　　　　　　　　　　　　　　　回答〔　　　　　〕

＊　<u>上の問いに，1あるいは2と答えた方にお聞きします。</u>

＊　あなたは，Ｅメールを**読むとき**，**スマートフォンや携帯電話を使う**ことが，どれくらいありますか。
　1．全くない　・　2．たまにある　・　3．ややある　・　4．よくある
　　　　　　　　　　　　　　　　　　　　　回答〔　　　　　〕

＊　あなたは，Ｅメールを**書くとき**，**スマートフォンや携帯電話を使う**ことが，どれくらいありますか。
　1．全くない　・　2．たまにある　・　3．ややある　・　4．よくある
　　　　　　　　　　　　　　　　　　　　　回答〔　　　　　〕

Appendix 7-1

● パソコンで，受信した公的なEメール（例：教員や仕事の相手，事務局等からの
　　Eメール）を読むときのことを，思い出してください。

　　　あなたが，これは好ましいEメールだ，あるいは，そうではないと評価する際
　　の基準は何ですか？Eメールに対する好みやEメールを読む際に気になることで
　　あれば，どんなささいなことでもかまいません。また，「○○でない」というよ
　　うに否定形で書いても問題ありません。

　　　思いつくことを，箇条書きで，できるだけ多く書き出してください。

＝＝＝＝＝＝＝＝＝＝＝＝＝＝以下，回答欄＝＝＝＝＝＝＝＝＝＝＝＝＝＝

（改ページ）

● パソコンで，公的なEメール（例：教員や仕事の相手，事務局等にあてたEメー
　　ル）を書くときのことを，思い出してください。

　　　あなたは，Eメールを書くとき，どのようなことに気を付けていますか？Eメ
　　ールを書く際に気を付けていること，自分なりのルールであれば，どんなささい
　　なことでもかまいません。また，「○○しない」と否定形で書いても問題ありま
　　せん。

　　　思いつくことを，箇条書きで，できるだけ多く書き出してください。

＝＝＝＝＝＝＝＝＝＝＝＝＝＝以下，回答欄＝＝＝＝＝＝＝＝＝＝＝＝－－

（改ページ）

※スマホを利用する場合について尋ねるときは，上述の教示文の「パソコンで」の部
　分を「スマートフォンや携帯電話などで」に修正して用いた。

Appendix 7-2

あなたが公的なEメールをもらったとき，そのEメールを「好ましい」と感じる基準として，次の項目がどれくらい当てはまるかについて，数字に○をつけてください。

	あてはまらない	あてはまらない	ややあてはまらない	ややあてはまる	あてはまる	非常によくあてはまる
一つのメールで複数の内容を扱っていない	1	2	3	4	5	6
件名から内容がわかる	1	2	3	4	5	6
口頭で伝えた方がいい内容が入っている	1	2	3	4	5	6
文章が簡潔である	1	2	3	4	5	6
適切な場所で改行されている	1	2	3	4	5	6
正しい敬語を使っている	1	2	3	4	5	6
重要な部分が目立っている	1	2	3	4	5	6
あなたへの配慮を表す言葉が書かれている	1	2	3	4	5	6
用件の概要が書かれている	1	2	3	4	5	6
あて名として，はじめにあなたの名前が書いてある	1	2	3	4	5	6
適度に行間があいている	1	2	3	4	5	6
一文が短い	1	2	3	4	5	6
あいさつが書かれている	1	2	3	4	5	6
それまでのやりとりをふまえた内容である	1	2	3	4	5	6
本文に関係ない広告がついていない	1	2	3	4	5	6

Appendix 7-2

あなたが公的な E メールをもらったとき，その E メールを「好ましい」と感じる基準
として，次の項目がどれくらい当てはまるかについて，数字に○をつけてください。

	まったくあてはまらない	あてはまらない	ややあてはまらない	ややあてはまる	あてはまる	非常によくあてはまる
相手の所属が書いてある	1	2	3	4	5	6
顔文字がない	1	2	3	4	5	6
難しい言葉を使っている	1	2	3	4	5	6
本文が長過ぎない	1	2	3	4	5	6
内容がわかりやすい	1	2	3	4	5	6
あなたに配慮された文章構成になっている	1	2	3	4	5	6
相手の名前が書いてある	1	2	3	4	5	6
早く返信が返ってくる	1	2	3	4	5	6
言葉遣いが正しい	1	2	3	4	5	6
最後に相手の署名がある	1	2	3	4	5	6
ファイルが添付されていることを本文に書いている	1	2	3	4	5	6
やりとりの履歴が残っている	1	2	3	4	5	6
件名が書いてある	1	2	3	4	5	6
絵文字がない	1	2	3	4	5	6

Appendix 7-3

あなたが公的な「好ましい」E メールを書くときに気を付けていることとして，次の項目がどれくらい当てはまるかについて，数字に○をつけてください。

	あてはまらない	あてはまらない	ややあてはまらない	ややあてはまる	あてはまる	非常によくあてはまる
敬語を正しく使う	1	2	3	4	5	6
件名を書く	1	2	3	4	5	6
疑問符（？）を使わない	1	2	3	4	5	6
用件は一通に対して一件にする	1	2	3	4	5	6
誤字脱字がない	1	2	3	4	5	6
言葉を正しく使う	1	2	3	4	5	6
句読点を適切に使う	1	2	3	4	5	6
相手に配慮した文章構成にする	1	2	3	4	5	6
正確な情報を伝える	1	2	3	4	5	6
自分の名前を書く	1	2	3	4	5	6
相手への配慮を表す言葉を書く	1	2	3	4	5	6
送信先を間違えない	1	2	3	4	5	6
丁寧な文章を書く	1	2	3	4	5	6
環境依存文字を使わない	1	2	3	4	5	6
適切な場所で改行する	1	2	3	4	5	6
絵文字を使わない	1	2	3	4	5	6
感嘆符（！）を使わない	1	2	3	4	5	6

Appendix 7-3

あなたが公的な「好ましい」Eメールを書くときに気を付けていることとして，次の項目がどれくらい当てはまるかについて，数字に○をつけてください。

	あ ま っ た く は ま ら な い	あ て は ま ら な い	や や あ て は ま ら な い	や や あ て は ま る	あ て は ま る	非 常 に よ く あ て は ま る
あいさつを書く	1	2	3	4	5	6
同じ文末表現を繰り返さない	1	2	3	4	5	6
あて名として，はじめに相手の名前を書く	1	2	3	4	5	6
ファイルを添付することを本文に書く	1	2	3	4	5	6
相手の名前には敬称を付ける	1	2	3	4	5	6
それまでのやりとりをふまえて書く	1	2	3	4	5	6
自分の所属を書く	1	2	3	4	5	6
文章を長くしない	1	2	3	4	5	6
件名から内容がわかるようにする	1	2	3	4	5	6
わかりやすい文章を書く	1	2	3	4	5	6
やりとりの履歴を消さない	1	2	3	4	5	6
添付ファイルの名前をわかりやすくする	1	2	3	4	5	6
簡潔な文章を書く	1	2	3	4	5	6
用件の概要を書く	1	2	3	4	5	6
顔文字を使わない	1	2	3	4	5	6
読んだら早く返信する	1	2	3	4	5	6
適度に行間をあける	1	2	3	4	5	6

Appendix 203

Appendix 7-4

あなたが説明するときに，次の項目がどれくらい当てはまるかについて，数字に○を
つけてください。

	当てはまらない	あまり当てはまらない	少し当てはまる	当てはまる
読み手の興味・関心をひくような文章を書いている	1	2	3	4
工夫した説明（例をあげるなど）をしている	1	2	3	4
説明の途中で，聴き手にどこまで理解できたか・質問はないかなど確認している	1	2	3	4
聴き手が興味・関心をもつように話している	1	2	3	4
わかりやすいと感じた説明は，自分が説明する際の参考にしている	1	2	3	4
読み手がどんな人物なのか，考えて書いている	1	2	3	4
説明の途中で，聴き手にどこまで理解できたか・質問はないかなど確認した方がいいと思う	1	2	3	4
読み手に合わせて，文章表現（言葉遣いなど）を変えた方が良いと思う	1	2	3	4
わかりにくい部分は，自分なりの言葉や表現に変換して読んでいる	1	2	3	4
説明を聴いて，「わかりやすい・わかりにくい」と感じることがある	1	2	3	4
読み手の視点に立って，文章を読み返している	1	2	3	4
読み手に合わせて，書く内容（詳しく書く・省略するなど）を変えている	1	2	3	4
説明をするときに，「わかりやすい・わかりにくい」と感じることがある	1	2	3	4
工夫して説明（例をあげるなど）をするようにしている	1	2	3	4
聴き手の表情や反応を配慮しようと心掛けている	1	2	3	4
「わかりやすい・わかりにくい」の評価をしている	1	2	3	4

Appendix 8-1

● **1回目のメールの文面を考えているとき**に，どのようなことを考えていましたか。
思いついたことをすべて書いてください。

● **1回目のメールの文章を入力しているとき**に，どのようなことを考えていました
か。
思いついたことをすべて書いてください。

● **1回目**のメールを書き終わった後，送信ボタンを押す前にメールを見直しました
か。

は　い　・　い　い　え

（中略）

※2回目については，「1回目」を「2回目」に修正して尋ねた。

● あなたは，今後，三島さんとどのように付き合っていきたいと思いますか。あな
たの気持ちに最もあてはまる数字に○をつけてください。

	あてはまらない	あてはまらない	ややあてはまらない	ややあてはまる	あてはまる	非常によくあてはまる
	まったく					
私は，三島さんとの間に良い人間関係をもちたい。	1	2	3	4	5	6
私は，三島さんとの人間関係をこれからも保って いきたい。	1	2	3	4	5	6

Appendix 205

● メールを書くときに,以下の項目についてどの程度行っていましたか。あてはまる数字に○をつけてください。

	あてはまらない	あてはまらない	ややあてはまらない	ややあてはまる	あてはまる	非常によくあてはまる
三島さんについての追加情報を,メールに反映させようとした。	1	2	3	4	5	6
メールを書くときの注意事項を,メールに反映させようとした。	1	2	3	4	5	6

※上記の質問項目について,「三島さんについての追加情報を,メールに反映させようとした。」は,関係継続の予期を提示した場合にのみ回答させた。
　また,「メールを書くときの注意事項を,メールに反映させようとした。」は,注意事項を提示した場合にのみ回答させた。

研究成果の発表一覧

　本論文で扱った内容の一部については，下記の学術雑誌，および，学会で発表を行った。

学術雑誌
査読あり

菊池　理紗（2016a）. 日本語の E メールに対する読み手の「評価」――「一斉送信メール」を対象としたケーススタディ―― 待遇コミュニケーション研究, *13*, 35-51.（第 5 章）

菊池　理紗（2016b）. メールに対する読み手の評価とその共通点に関する考察　実践女子大学生活科学部紀要, *53*, 69-77.（第 5 章）

菊池　理紗（2020a）. 好ましいメールの産出において考慮される要因の関係　読書科学, *62*, 26-41.（第 6 章）

菊池　理紗（2021b）. やり取りを前提とした文章における好ましさ尺度の作成――公的なメールの読み手と書き手の観点から―― 読書科学, *63*, 14-27.（第 7 章第 2・3 節）
　　※日本読書学会「読書科学研究奨励賞」受賞論文

査読なし

菊池　理紗（2018a）. 読み手や書き手は E メールに何を求めるのか？　法政大学大学院紀要, *80*, 99-109.（第 7 章第 1 節）

菊池　理紗（2021a）. やり取りを前提とした文章の産出に関する研究の展望――教育への応用を目的として―― 法政大学大学院紀要, *86*, 7-12.（第 2・3 章）

学会発表
国際学会

Kikuchi, R.（2018b）. Measuring Favorability in E-mails. *40th Annual Conference of the International School Psychology Association abstract book*, 168.（第 7 章第 2 節）

国内学会

菊池 理紗 (2015). 日本語のメールに対する読み手の「評価」に関する考察——「書き手」という視点からの「評価」—— 待遇コミュニケーション研究（待遇コミュニケーション学会2015年度秋季大会発表要旨）, *13*, 102.（第5章）

菊池 理紗 (2017a). Eメールの好ましさ要因の検討——書き手の視点から—— 第61回日本読書学会大会発表要旨集, 1-10.（第6章）

菊池 理紗 (2017b). 好ましいEメールの判断基準に関する一考察——自由記述を用いた検討—— 待遇コミュニケーション研究（待遇コミュニケーション学会2017年度秋季大会発表要旨）, *15*, 205.（第7章第1節）

菊池 理紗 (2018c). 大学生の考える「Eメールの好ましさ」とは——読み手の視点に立った場合—— 日本教育心理学会第60回総会発表論文集, 600.（第7章第2節）

菊池 理紗 (2018d). 読み手と書き手の思うEメールの好ましさの比較 日本心理学会第82回大会発表論文集, 1391.（第7章第2節）

菊池 理紗 (2019a). 書き手の立場における好ましさ探究尺度の作成 第63回日本読書学会大会発表要旨集, 67-72.（第7章第3節）

菊池 理紗 (2019b). 読み手が考えるメールの好ましさ評価尺度の作成―社会人と大学生を対象として― 日本教育心理学会第61回総会発表論文集, 569.（第7章第3節）

菊池 理紗 (2020b). 書き手の取得情報によるメールの好ましさへの影響 日本心理学会第84回大会発表論文集（第8章第1節）

菊池 理紗 (2020c). 書き手の取得情報によるメールにおける言語表現への影響 日本教育心理学会第62回大会発表論文集（第8章第1節）

菊池 理紗 (2022). 提示情報がメールの産出に与える影響——好ましさと特徴語に着目して—— 日本教育心理学会第64回大会発表論文集（第8章第2節）

謝　　辞

　本書の執筆・刊行にあたり，多くの方にお力添えいただきました。様々な形でご助力やご支援をいただけたこと，心より感謝申し上げます。みなさまのおかげをもちまして，本書を完成させることができました。

　法政大学文学部心理学科の福田由紀先生には，博士課程在学中には指導教員として，修了後は研究の先達として，多くのことをご教授いただきました。誠にありがとうございます。先生には，折に触れ，ご助言やご指導を多数いただきました。論文の執筆や学会発表の際には，内容の精査のみならず，文章はより読みやすく，発表はよりわかりやすくなるようにと様々なご意見をいただきました。授業の内外を問わず，長い時間をかけてご指導くださったことや，本研究に意義を見出してくださり，その意義を高めるようにと調査や実験にご助言をくださったことに，感謝の念が尽きません。日本語教育学から心理学への専門の転向を長所と捉え，それを活かすようにご指導くださったことに厚くお礼申し上げます。また，実験2（第8章第2節）は，博士課程修了後に法政大学の2021年度「若手研究者共同研究プロジェクト」の助成を受けて行ったものであり，その際にも，先生には共同研究者として大変お世話になりました。ここに改めて感謝いたします。

　法政大学文学部心理学科の田嶋圭一先生には，本書の基になりました博士論文の審査において，副査としてご指導いただきました。先生からは，説明が不足している点や曖昧な点を指摘していただき，初めて本稿を読む人でもわかりやすい文章にしていただきました。加えて，論文や学会発表の英語タイトルと要約についても多くのご指摘をくださり，より自然に，かつ，内容に誤解がない英文にしていただきました。深く感謝いたします。

　実践女子大学教職センターの柏崎秀子先生には，同じく博士論文の審査に

おいて，副査としてご指導いただきました。先生には，修士課程在籍中から，何度も研究についてご相談にのっていただきました。また，論文の執筆の際には，言葉の用い方や説明の行い方について多くのご助言をくださり，より明瞭な文章にしてくださいました。さらに，学会発表でお会いしたときには，発表で取り上げた調査のみならず，研究の発展についてもご意見をいただきました。先生のご助言は，その後の研究を考える際に大いに参考になりました。心より感謝申し上げます。

　また，第5章の調査1とそれを論じた修士論文の執筆においては，早稲田大学大学院日本語教育研究科の蒲谷宏先生にご指導をいただきました。第6章の調査2の実施の際には，東京大学大学院総合文化研究科言語情報科学専攻の宇佐美洋先生から，様々なご助言をいただきました。お二方のおかげで，本研究の基盤となる二つの調査を行うことができました。この場をお借りして改めてお礼申し上げます。

　本研究の調査と実験にご協力くださったすべての参加者のみなさまにも，心よりお礼申し上げます。みなさまが参加してくださったおかげで，このように研究をまとめることができました。調査や実験の終わりに，多くの方から，「この調査に参加したことで，自分がメールを読むときのことで気づきがありました」，「インタビューを通して，自分の書くときの癖がわかりました」，「次からは，メールを書くときには，今回の実験で知ったことについて気を付けてみようと思います」というお言葉をいただきました。いただいた言葉はどれも嬉しく，研究を進める際の励みになりましたし，結論における学術的意義や社会的意義を考える際の助けにもなりました。誠にありがとうございました。

　このように本研究をまとめることができましたのも，学会発表や研究会，大学院の学内研究発表会を通して，多角的な視点をご教授くださった先生方や院生のみなさまのおかげです。中でも，他分野からの転向であった私に，心理学の研究や博士論文の執筆に関して有用なご意見をくださった梶井直親

先生と新岡陽光先生，調査・実験の実施や本書の基となった博士論文の校正など，様々な面で尽力してくださった蘿原遥さん，岩城美良さん，髙野愛子さん，若狭晋さん，中島彩子さんには，本当に大きな力をお借りしました。惜しみなく協力してくださり，ありがとうございました。みなさまのおかげで，思考を深めることができて，より良い文章を書くことができました。

　なお，本書は，2024年度法政大学大学院優秀博士論文出版助成金の助成を受けて刊行いたしました。本書の刊行に際し，風間書房の風間敬子様には，ひとかたならぬご尽力をいただきました。出版までの間，何度もご助言をいただきましたことを，ここに改めて感謝申し上げます。

　最後になりますが，日頃から私の夢を応援して，見守ってくれた家族や友人にも感謝いたします。みなさまの存在は，常日頃から私のことを支えてくれました。本当にありがとうございました。本研究に関わってくださったみなさま，日本語教育学と心理学という二つの学問分野を通して出会うことのできたすべてのみなさまに，心からの感謝を申し上げ，謝辞といたします。

　2024年10月

　　　　　　　　　　　　　　　　　　　　　　　　　　　菊池理紗

著者略歴

菊池　理紗（きくち　りさ）

東京都出身
2013年　早稲田大学文化構想学部複合文化論系卒業
2015年　早稲田大学大学院日本語教育研究科修士課程修了（日本語教育学）
　　　　実践女子大学教職課程助手，東京大学大学院総合文化研究科
　　　　言語情報科学専攻研究生を経て
2021年　法政大学大学院人文科学研究科心理学専攻博士後期課程修了
　　　　博士（心理学）
現　在　昭和女子大学，法政大学，その他複数大学で非常勤講師を勤める
　　　　（2021年度より）
　　　　専門は，教育心理学，言語心理学

コミュニケーションにおいて産出される文章の好ましさの解明
―公的な電子メールでのやり取りを対象として―

2024年12月10日　初版第1刷発行

著　者　　菊　池　理　紗

発行者　　風　間　敬　子

発行所　　株式会社　風　間　書　房

〒101-0051　東京都千代田区神田神保町 1-34
電話 03(3291)5729　FAX 03(3291)5757
振替 00110-5-1853

印刷　太平印刷社　　製本　井上製本所

©2024　Risa Kikuchi　　　　　　　　　NDC 分類：140
ISBN978-4-7599-2524-1　　Printed in Japan

JCOPY〈出版者著作権管理機構　委託出版物〉
本書の無断複製は，著作権法上での例外を除き禁じられています。複製される場合はそのつど事前に㈳出版者著作権管理機構（電話 03-5244-5088，FAX 03-5244-5089，e-mail: info@jcopy.or.jp）の許諾を得てください。